Pilgern im Alltag des Lebens

Peter Müller

Pilgern im Alltag des Lebens

Der Wegweiser für daheim

Patmos Verlag

VERLAGSGRUPPE PATMOS

PATMOS
ESCHBACH
GRÜNEWALD
THORBECKE
SCHWABEN

Die Verlagsgruppe
mit Sinn für das Leben

MIX
Papier aus verantwortungsvollen Quellen
FSC® C014138

Klimaneutral
Druckprodukt
ClimatePartner.com/14549-2003-1001

Die Verlagsgruppe Patmos ist sich ihrer Verantwortung gegenüber unserer Umwelt bewusst. Wir folgen dem Prinzip der Nachhaltigkeit und streben den Einklang von wirtschaftlicher Entwicklung, sozialer Sicherheit und Erhaltung unserer natürlichen Lebensgrundlagen an. Näheres zur Nachhaltigkeitsstrategie der Verlagsgruppe Patmos auf unserer Website www.verlagsgruppe-patmos.de/nachhaltig-gut-leben

Verlagsgruppe Patmos in der Schwabenverlag AG, Ostfildern
www.verlagsgruppe-patmos.de

Umschlaggestaltung oder Gestaltung: Finken & Bumiller, Stuttgart
Umschlagabbildung: © Toyakisphoto/Shutterstock
Gestaltung, Satz und Repro: Schwabenverlag AG, Ostfildern
Druck: Finidr s.r.o., Český Těšín
Hergestellt in Tschechien
ISBN 978-3-8436-1389-7

Inhalt

Als Pilger – ankommen, heimkehren, weitergehen

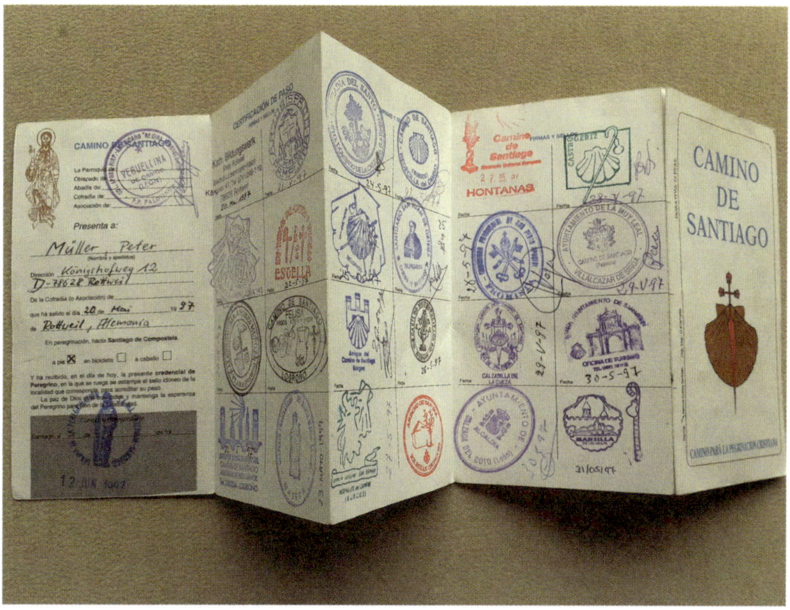

Das Leben lässt sich
nur rückwärts verstehen,
es muss aber
vorwärts gelebt werden.

Sören Kierkegaard

Denn der eigentliche Pilgerweg
ist der Alltag das Lebens.

Pater Angel de Aránguiz

Als Pilger angekommen – doch heimkehren heißt weitergehen!

Mitten in meine erste Lesephase zum Thema dieses Buches und das Bemühen, meine Erinnerungen und Erlebnisse von zahlreichen unterschiedlichen Pilgerwanderungen wachzurufen, platzte die Corona-Krise. Sie wurde im Alltag zum beherrschenden Thema in Gesprächen mit nahestehenden Menschen über das eigene Verhalten, das durch die unterschiedlichen Quarantäneordnungen bestimmt wurde. Nicht nur die Medien, ja, wir alle, ob Kinder, Jugendliche oder Erwachsene, waren und sind, manche heute noch auf unterschiedliche Weise, von den Quarantäneregeln betroffen. Rückblickend auf die erste Phase der Corona-Pandemie könnte man diese als große Unterbrechung, als ein „kollektives Innehalten" (Anselm Grün) bezeichnen. Dementsprechend ruhte meine Beschäftigung mit dem Pilgerthema für dieses Buch lange Zeit. Wer will sich auch jetzt in dieser Krisenzeit mit dem Pilgern beschäftigen? Die Krise zeigte: Jetzt geht es doch um Wichtigeres, um unsere Gesundheit, um konkrete Hilfe, um Solidarität, Masken, Abstandsregelung, Zuwendung zu anderen, konkrete Hilfen ... und für nicht wenige Menschen um Krankheit, Leben oder Sterben.

Nach etwa fünf Monaten „Pilgerabstinenz" im ersten Lockdown heißt das: kein Pilgertreffpunkt, kein Tagespilgern, alle regionalen Programme für Pilgernde abgesagt, die Herbergen auf dem Camino in Spanien und bei uns total geschlossen, das Pilgerziel Santiago de Compostela menschenleer ... da drängte sich mir immer mehr die Frage auf: Was hat Corona mit Pilgern zu tun? Das Wort „Krise", mit seiner doppelten Auswirkung „Bedrohung und Chance" wurde für mich zu Brücke zwischen Pilgern und Corona. Trotz aller Sorgen, Bedenken und Ängste spürte ich: Und was jetzt? Diese Frage gilt für mich als Pilger und Gefährdeter in der Corona-Pandemie.

Eine erste Brücke sah ich in den Beweggründen der Pilgernden. Viele geben als Motiv ihres Pilgerns an, sie seien in einer persönlichen Krise, z. B. einer Beziehungs- oder Glaubenskrise oder der überraschende Tod eines nahestehenden Menschen, andere belastet ihre Arbeit körperlich und seelisch oder sie spüren die unüberwindlichen Konflikte mit Vorgesetzten. Sie alle suchen nach Ruhe und Hilfen und sehen im Pilgern eine Möglichkeit, die Krise zu bewältigen. Die nächsten stehen an einer

Lebenswende wie dem Wechsel in den Ruhestand. Wie geht es weiter? Kann ich ohne Arbeit leben? Was ist der Sinn meines Lebens? Andere brechen auf, um die Hektik und den Stress des Alltags loszulassen, zur Ruhe zu kommen, eine Antwort auf ihre aktuellen Fragen zu suchen, einen Lebensabschnitt abzuschließen oder einen neu zu beginnen, wie es eine Pilgerin während eines Erfahrungsaustauschs in Santiago erzählte:

Der Camino war für mich ein einschneidendes Erlebnis. Ich habe viel erlebt und über mich und meine Beziehungen zu anderen Menschen nachgedacht. Meine Erkenntnisse machen mich sehr nachdenklich. Ich will einiges in meinem Leben ändern. Das heißt: Mein Pilgerweg geht daheim weiter.

Angelika, Pilgerin

Damit bestätigt diese Pilgerin eine zweite Brücke zwischen Pilgern und Corona, die sich durch dieses Buch zieht, sei es direkt oder verdeckt. Es ist die Frage nach dem Sinn unseres Lebens. Wir haben unser Leben nicht so unter Kontrolle, wie wir es oft glauben, im Gegenteil: Krisenzeiten stellen unsere persönliche Lebensweise und das alltägliche Verhalten ständig neu infrage. Sowohl beim Pilgern im Alltag als auch in der Corona-Krise fragen wir früher oder später, hoffentlich nicht zu spät: Was hält und trägt mich? Was gibt meinem Leben Sinn? Die Frage nach dem Sinn drängte sich im zweiten und dritten Lockdown in den Vordergrund. Überrascht, dass die Pandemie sich erneut und heftiger ausbreitete, während viele dachten sie sei fast überwunden, schlug die Stimmung um. Demonstrationen, Proteste und Widerstände gegen die wieder aktivierten und teilweise verschärften Corona-Verordnungen nahmen zu. Das „kollektive Innehalten“ während der ersten Corona-Welle war gestört und die Frage nach dem Sinn des Lebens neu aktuell. Sie wird uns auf unserem inneren Pilgerweg immer wieder begegnen.

In diesem Pilgerbegleiter steht nicht die gesellschaftliche Pandemie im Vordergrund, sondern der letzte Satz der Pilgerin in unserem Beispiel: „Mein Pilgerweg geht weiter.“ Ja, er geht daheim weiter auf meinem „inneren Pilgerweg“. Er beginnt spätestens dann, wenn wir als Pilgernde

nach tagelangem Unterwegssein in Santiago de Compostela angekommen sind und nach wenigen Tagen heimkehren in unsere Heimat.
Voll Freude, Begeisterung und Erwartung, aber auch etwas erschöpft, kommen die Pilgerinnen in Santiago an. Gleichzeitig stellen sie sich – die einen schon während der letzten Tagesetappe, andere bei ihrer Ankunft, nicht wenige während einer stillen Stunde in der Kathedrale und manche erst bei ihrem Rückflug – die Frage: „Ich bin als Pilger angekommen – und was jetzt?“ Der leider viel zu früh verstorbene Pater Angel de Aránguiz, ein Freund und Kenner des Jakobusweges, hätte ihnen darauf, so wie mir schon bei unserer ersten Begegnung vor 35 Jahren, geantwortet: „Geh heim und lebe als Pilger; denn der eigentliche Pilgerweg ist der Alltag des Lebens.“ Dieser Satz wurde für mich zum Motiv und zur Quelle meines Engagements mit und für Pilgernde. Die Erkenntnis dieser Aussage wird in den meisten Pilgerberichten leider übergangen und wenig beachtet. Diese Lücke möchte ich hier schließen.
Wir beginnen mit einer Erinnerungsreise. Leitfaden ist der erste Vers eines Weisheitsspruches: „Das Leben lässt sich nur rückwärts verstehen“ von Sören Kierkegaard. An welche Ereignisse, Begegnungen, Gefühle während des Pilgerns nach Santiago de Compostela erinnern wir uns noch? In welcher Stimmung und körperlichen Verfassung sind wir am Ziel angekommen? Erinnerungen sind wichtig, sie sind wie Quellen, aus denen wir Ideen schöpfen, Kräfte sammeln und uns erfrischen für neue Taten und Wege.
Dann halten wir zweitens inne und informieren uns: Was heißt Pilgern? Was ist der Sinn des Pilgerns? Wie wird aus einem Weg ein Pilgerweg? Wie wird aus einem Wanderer ein Pilger? Denn viele Pilgernde sagen von sich: Ich bin als Wanderer aufgebrochen und als Pilger angekommen. Was heißt Pilgern im Alltag?
Drittens wenden wir uns der Frage nach dem Sinn unseres Lebens zu. Mithilfe einer Geschichte und einigen Erfahrungen von Pilgernden fragen wir: Wann begegnen wir der Frage nach dem Sinn des Lebens im Alltag? Als Pilger sinnvoll leben, was könnte das heißen? Sind Pilgernde Sinn- und Gottsucher?
Viertens stellen wir dann die Frage: Was müssen wir tun, damit unser Leben gelingt? Drei Geschichten geben uns dazu ihre Antworten.

Nach diesen vier grundlegenden Themenbereichen leitet ein „Wegweiser“ mit spirituellen und praktischen Informationen und Anregungen über zum „Herzstück“ dieses Pilgerbegleiters im Alltag. Der zweite Versabschnitt des schon erwähnten Weisheitsspruchs bestimmt nun die Richtung: „Leben muss aber vorwärts gelebt werden.“ Damit beginnen zehn Wochenthemen mit vielfältigen Impulsen. Die Gedanken, Informationen, Erzählungen, Impulse und meditativen Übungen wollen anregen und motivieren, über das eigene Leben nachzusinnen und als Pilgernde im Alltag zu leben. Sie sind entstanden in Kursen der Erwachsenenbildung zu den Themen „Pilgern und Lebensorientierung“, vor allem aber unterwegs mit Pilgergruppen in Süddeutschland, in Spanien und Portugal.

Wie bei Pilgern üblich, erlaube ich mir, dich mit „du“ anzusprechen. Ich lade dich ein, dich im Alltag auf einen „inneren Pilgerweg“ einzulassen. Du kannst deinen inneren Weg allein oder mit Bekannten durch „Pilgertage in der Region“ unterstützen. Die spirituellen Impulse dazu findest du in den Wochenthemen.

An wen habe ich beim Schreiben dieses Buches gedacht? Wen könnte dieser „Pilgerbegleiter für den Alltag“ interessieren und anregen?

Vielleicht bist du vor einigen Wochen von deiner Pilgerwanderung zurückgekehrt. Voll bepackt mit Erlebnissen und Ideen fragst du dich: Und was jetzt? Ich möchte gerne meine Pilgererfahrungen austauschen, andere Pilgernde kennenlernen, ab und zu eine Pilgertageswanderung besuchen ... Dazu findest du hier Anregungen und Hinweise.

Vielleicht gehörst du zu den Pilgernden, die den langen Weg „von der Haustür bis nach Santiago“ in Etappen gehen, d. h. jedes Jahr ca. 10–14 Tage. Für die Zeit dazwischen findest du in diesem Buch spirituelle Nahrung.

Vielleicht hast du erlebt, wie schnell unser Alltag die Begeisterung, Freude und Vorsätze deiner letzten Pilgerreise vor zwei oder drei Jahren verschluckte. Manchmal flammt das Feuer der Sehnsucht in dir auf und du fragst dich: Wie kann ich die positiven Erinnerungen neu beleben? Anregungen dazu findest du in dieser Veröffentlichung an verschiedenen Stellen (z. B. in Pilgeraussagen, Texten, ...).

Vielleicht steckst du in einer persönlichen oder beruflichen Krisen-

situation, die der Anlass sein könnte, dich auf den inneren oder äußeren Pilgerweg zu begeben.
Vielleicht warst du viele Jahre unterwegs als Pilgernde, doch jetzt musst du aus Alters- oder Krankheitsgründen darauf verzichten. Für einen inneren Pilgerweg daheim, in deinem Tempo, findest du hier Anregungen.
Oder du bist ein begeisterter Pilgerbegleiter und begleitest Pilgergruppen. Manchmal gehen uns die Ideen aus oder wir wünschen uns neue Impulse. In dieser Veröffentlichung findest du sie aufbereitet für die Praxis.
Vielleicht möchtest du demnächst erneut auf dem Camino oder einem anderen Weg pilgern. In den Wochen- und Tagesimpulsen findest du als Einstimmung und für dein Unterwegssein vielfältige spirituelle Impulse, als spirituelle Nahrung für dich.
Vielleicht bist du Mitglied einer Jakobusgesellschaft, eines „Pilger-Freundes-Kreises" oder eines Pilgertreffpunktes. Du, ich, wir engagieren uns gerne und doch, auch wir sind manchmal müde und schlapp. Das dürfen wir sein, doch das ist auch ein Zeichen: Auch unsere Seele braucht immer wieder neue spirituelle Nahrung. Suche und prüfe, welche Impulse dir guttun.
Schließlich alle, die am Thema „Pilgern" interessiert sind, sich mit Menschen, die gerne pilgern, verbunden wissen oder als Pilgernde, sei es regional oder international, unterwegs waren oder bald wieder sind. Das Zeichen der Pilgermuschel verbindet alle.
In welcher Situation du dich momentan auch befindest, du musst in deinem Leben immer wieder Entscheidungen treffen. Du bist eingeladen, mit Körper, Geist und Seele mit einem hörenden und achtsamen Herz weiterzugehen, denn das „Herz ist die Wurzel der Pilgerschaft" (Aurelius Augustinus).
Im Tagebuch meiner ersten Pilgerwanderung nach Santiago de Compostela fand ich die Frage: Wie kann ich meine Erlebnisse, Erfahrungen und Erkenntnisse auf einem Pilgerweg in meinem Alltag nutzen? Dass ich diese Frage schon damals notiert hatte, hatte ich vergesse. Die Erinnerung daran war ein Signal, sich endlich intensiv damit zu beschäftigen. Was daraus entstanden ist, liegt vor dir.
Mit dem Text folgenden Text „Heimkehren heißt weitergehen" wünsche

ich dir Lebenskraft, den Mut anzufangen und das notwendige Stehvermögen, um die Wurzel der Pilgerschaft auf deinem inneren Pilgerweg für dich zu entdecken und zu leben. Nimm dir dazu täglich Zeit und lasse dich begleiten.

Peter Müller
Rottweil

Heimkehren heißt weitergehen

erkenne –
verwandelt kehrst du heim
reich an persönlichen Erfahrungen
bist du nicht mehr der Gleiche
der aufgebrochen ist
doch die Menschen
viele Fragen und Probleme
die Erwartungen und Herausforderungen
sind geblieben

nutze deine neue Chance –
Altes neu zu sehen
deinen neuen Erfahrungen zu trauen
mutig neue Wege zu gehen
langsamer ist manchmal schneller
Zeit nehmen, um Zeit zu haben
weniger ist mehr
nur ändern, was ich ändern will
meinen Gefühlen vertrauen
Gott trauen

entdecke –
nur im Weitergehen
geduldig Schritt für Schritt
bleibst du in der Spur
eröffnen sich neue Möglichkeiten
findest du den Sinn deines Lebens
denn der eigentliche Pilgerweg
ist der Alltag des Lebens
Gott wird dich begleiten

Peter Müller

1. „Das Leben lässt sich nur rückwärts verstehen ...“ – Erinnerungen an eine Pilgerwanderung auf dem Camino de Santiago

Dieser erste Vers eines Weisheitsspruchs von Sören Kierkegaard „Das Leben lässt sich nur rückwärts verstehen“ erinnert mich an eine wichtige menschliche Erfahrung. Vieles, was wir in unserem bisherigen Leben erlebten, konnten wir in seiner Bedeutung nur teilweise erfassen. So manches wird erst rückblickend in seiner Bedeutung für uns klar, wenn wir uns nochmals daran erinnern. Zum Beispiel: An eine packende Begegnung, an ein einschneidendes Erlebnis, eine wichtige Entscheidung, eine tief beeindruckende Idee oder auch eine Gefahr, Trennung, Enttäuschung, die wir erlebten. Oder wir erkennen zurückschauend, wie eine zunächst gute Sache oder anfängliche Erfolgsgeschichte nach einiger Zeit auch unangenehme Folgen haben können. Manchmal sind wir davon so betroffen und sagen spontan: „Wenn ich das vorher gewusst hätte, dann ...“

Diese erste Zeile des Weisheitsspruchs bestimmt zunächst die Richtung dieses spirituellen Wegbegleiters: Wir blicken zurück und erinnern uns an einen Teil unseres Lebens, nämlich eine Pilgererfahrung.

Dahinter steht das Interesse, dass jeder von uns sich an einige Erlebnisse, Begegnungen und Erfahrungen seines Pilgerns auf dem Camino de Santiago erinnert, z. B.: Was habe ich Gutes erlebt? Gab es Verletzungen und wie habe ich sie bewältigt? An welche äußeren und inneren Grenzen bin ich gestoßen? Konnte ich sie überwinden? Welche Beobachtungen, Begegnungen, Erlebnisse und Gespräche unterwegs waren für mich wichtig? Woran erinnere ich mich gerne? Worauf war ich stolz am Ende dieser Pilgerwanderung? Habe ich unterwegs an mein Leben daheim gedacht? Welche Ideen und Anregungen habe ich für meinen Alltag mit nach Hause gebracht? Welche habe ich daheim verwirklicht? Was ist gelungen? Was habe ich aufgegeben?

Gerade die positiven Erinnerungen an gemeinsame Erlebnisse sind eine Basis, unser Unterwegsseins als Pilgernde im Alltag zu leben.

Die Erfahrungen auf dem
Camino de Santiago
sind für mich ein Wegweiser
für mein weiteres Leben.

Karin, Pilgerin

1.1 Als Pilger ankommen in Santiago de Compostela

Mich erinnern an meinen Pilgerweg

Erinnerungen gehören zu unserem Leben. Sie „bringen uns in Berührung mit den Wurzeln aus denen wir leben. Wir brauchen diese Wurzeln, um den heutigen Augenblick gut leben zu können" (Anselm Grün). Sie verbinden eine aktuelle „Hier-und-Jetzt-Situation" mit gesammelten Erlebnissen und Erfahrungen, Gedanken und Gefühlen oder Teilen aus unserer Lebensgeschichte. Bekanntlich kennen und haben wir vage oder sehr klare, unangenehme oder angenehme Erinnerungen. Die unangenehmen Erinnerungen verschweigen und verdrängen wir gerne. Das kann belastend und schmerzhaft werden. Die angenehmen und guten Erinnerungen dagegen bereichern unser Leben. Sie sind Erfahrungsschätze, Hoffnungsträger und Kraftquellen aus denen wir Energie schöpfen und die uns Halt geben. Sie helfen uns den Lebensalltag zuversichtlich zu gestalten. Bevor du also einen neuen Weg gehst, gehe einen Schritt zu dir selbst zurück. Halte inne und erinnere dich.
In diesem Sinne frage ich dich: Erinnerst du dich noch an dein Pilgern vor einigen Wochen oder Monaten oder vor ein, zwei oder mehreren Jahren auf dem Jakobusweg nach Santiago de Compostela? Oder noch konkreter: Erinnerst du dich noch an die letzten Tagesetappen vor deiner Ankunft in Santiago de Compostela? Mit welchen Gedanken und Gefühlen bist du in Santiago angekommen? Je nachdem, wie lange das zurückliegt, wird dir das leicht oder schwer fallen. Ich lade dich ein, dich zu erinnern, und gebe dir dazu einige Fragen. Sie wollen dich anregen, dich zu erinnern. Bevor du damit beginnst, wähle einen ruhigen, bequemen Ort aus und entspanne dich. Erinnere dich nun an deine Pilgerreise. Notiere die wichtigsten Erinnerungen.

- Wann war deine Pilgerwanderung?
- Weißt du noch, was dich dazu bewegt hat, aufzubrechen und zu pilgern?
- Wie hast du dein Aufbrechen und die ersten Tage in Erinnerung? Was war dir wichtig?
- An welche Situationen erinnerst du dich noch?
- Was hat dich besonders beeindruckt (Natur, Dörfer, Kirchen, Kathedralen, Herbergen, ...)?

Ankommen am Pilgerziel – Einladung zu einer Gedankenreise

Jetzt erinnere dich, soweit es dir möglich ist, an dein Pilgern kurz vor dem Ziel und deine Ankunft. Stell dir vor, du bist schon seit vielen Tagen auf deinem Pilgerweg in Spanien. Wenn du auf dem „Camino de Santiago" unterwegs bist, der von den meisten Pilgernden besucht wird, hast du als letzte größere Höhe das kleine und belebte Bergdorf Cebreiro (1293 m) mit seiner kleinen frühromanischen Kirche, das Zugangstor nach Galicien, überwunden. Das Ziel Santiago und deine Ankunft dort rücken immer näher und auf den letzten Tagesetappen nimmt die Zahl der Pilgernden deutlich zu.

Unterwegs auf dem Weg bis hierher hast du erlebt, dass das Pilgern anderen Rhythmen unterliegt als das Gehen im Urlaub oder auf Wanderungen: Morgens früh aufbrechen, allein oder mit fremden Pilgern in einem fremden Land unterwegs zu sein, die Last und Lust des Pilgerns und die unterschiedlichen Landschaften zu erleben, schmerzende Glieder oder Blasen; die Entdeckung von mächtigen Kathedralen, großen Kirchen und kleinen Kapellen, die ich als spirituelle Ruheorte nutzen kann; schweigendes Gehen, aber auch Gespräche mit Pilgern aus unterschiedlichen Ländern ... und schließlich das nahende Ende meiner Pilgerreise. Jeder erlebt dieses Ende, das Ankommen in Santiago, anders. Es ist auch nicht ungewöhnlich, wenn Pilgernde während der letzten Tage über das Ende ihres Weges nachdenken und zwiespältige Gefühle haben.

Wie hast du die letzten Tagesstrecken und Abende vor Santiago de Compostela erlebt?

Ich habe z. B. beobachtet, dass bei den meisten Pilgernden eine frohe

Erwartung und Vorfreude auf das Ankommen am Ziel zu spüren sind. Mehrmals erlebte ich, dass man mir sagte:

Ich habe mich auf diese Pilgerwanderung kaum vorbereitet. Ich hatte keine Ahnung, was da auf mich zukommen wird. Ich hatte nur das Gefühl, dieser Weg ist jetzt für mich wichtig. Ich bin als Wanderer aufgebrochen. Der Weg hat mich unterwegs gepackt. Ich habe so viel erlebt. Ich bin als Pilger angekommen.

Armin, Pilger

Andere Pilgernde können es in diesen Tagen kaum erwarten, am Ziel anzukommen. Sie beschleunigen ihr Tempo und vergessen dabei all die möglichen tollen Erlebnisse und wichtigen Erfahrungen auf dem Weg, z. B. sich Zeit zu nehmen, um Zeit zu haben, die Stille zu erleben, über die Blumen am Wegesrand zu staunen, die Stille und das Sitzen in einer kleinen Kirche.

Dann sehe ich auch Pilgernde, die ihr Tempo verlangsamen. Bei ihnen scheint es mir, als ob sie sich noch nicht reif fühlen für ein Ankommen. Sie trödeln auf den letzten Etappen, legen eine kürzere Tagesstrecke ein, um mit ihren Pilgerfreunden noch einen Abend in einer Herberge zu genießen. Ich frage mich: Können sie nicht loslassen oder haben sie Angst, sich dem Ziel und der Herausforderung zu stellen, dass der Weg in Santiago mit allen Freiheiten, Erlebnissen, Rhythmen, Begegnungen, zu Ende ist? Erinnern sie sich schon an die Heimat, die ganz anders ist? Fürchten sie schon das heimatliche oder berufliche Umfeld mit all den unerledigten Aufgaben, die sie erwarten und auf sie einstürmen werden?

Ich begegnete auch einer großen Zahl von Pilgernden, die das Ende ihrer Pilgerwanderung bewusst ruhig erleben wollte. Das sah man deutlich auf den letzten 12 km. Sie führen zunächst am Flughafen vorbei, dann auf den Monte del Gozo hinauf, den „Berg der Freude", der den Pilgern einen ersten Blick auf die Türme der Kathedrale ermöglicht. Viele stehen an den großen, künstlerisch gestalteten Pilgerfiguren und freuen sich. Dieses Ziel so nah vor Augen geht es den Berg hinunter in die Großstadt Santiago bis zur Straße Porta do Camino, der Pilgerpforte zur Altstadt, vorbei an der Nordfassade der Kathedrale und durch einen kurzen tunnelartigen

Torbogen abwärts auf den großen Obradoiro-Platz zum Westportal der mächtigen Kathedrale.

Ich bin angekommen

Unzählige Pilgernde sind zu sehen und alle erleben ihre Ankunft auf unterschiedliche Weise. Die einen stehen staunend und ruhig auf ihren Pilgerstab gestützt vor der Westfassade der Kathedrale. Andere wundern sich über ihre Gedanken der Trauer und des Wehmuts, weil sie angekommen sind, denn jetzt ist für sie die Pilgerwanderung zu Ende. Wieder andere sitzen still am Mauerrand und danken für ihr Unterwegssein; die nächsten begrüßen laut und freudig Neuankömmlinge und umarmen sie. Gruppen tanzen vor Freude; die nächsten sind miteinander im Gespräch. Ich höre zu, als eine junge Frau sagt:

Das Pilgern hat mir gutgetan und ich bin dankbar für alles. Ich fühle mich wohl und habe Zeit. Ich pilgere noch nach Cabo de Finisterre, nach mittelalterlichem Verständnis das Ende der Welt. Dort möchte ich diese Pilgerwanderung in Ruhe abschließen. Vielleicht werde ich in einigen Jahren den Weg noch einmal gehen.

Regina, Pilgerin

Jeder erlebt die letzten Tage auf das Ziel zu und die Ankunft auf dem Obradoiro-Platz anders. Dazu als Beispiel zwei weitere Aussagen von Pilgernden:

Der Weg hat mir Ruhe geschenkt und mich nachdenken lassen. Dazu habe ich mir daheim nie Zeit genommen. Das habe ich unterwegs erkannt und versucht gegenzusteuern. Vor allem aber habe ich wunderbare Erfahrungen im Zusammenleben mit vielen Menschen gemacht, die sehr nachhaltig in mir wirken.

Hans, Pilger

Ich halte bewegt inne. Jetzt ist es soweit: Der Weg zum Grab des Jakobus ist zu Ende. Wie Millionen Pilger aller Jahrhunderte vor uns verharren wir auf diesem Platz, vor dem Heiligtum, das die Reliquie enthalten soll – oder auch nicht. ... Mir ist klar, dass ich zwar eine intensive innere Beziehung zu diesem alten Pilgerweg aufgebaut habe, aber noch nicht zu seinem Ziel. Ich habe die Freuden und Mühsal des Wanderns erlebt, das tägliche Exercitium des inneren Loslassens und Annehmen von dem, was kommt, die meditative Erfahrung des „Gehens“ und die bewegenden Augenblicke der Stille, sowohl in der Natur und an den „heiligen Orten“ uralter Haine wie auch in manchen Kirchen, Kreuzgängen oder kleinen Kapellchen. Ich fühle mich den zahllosen Pilgern verbunden, die bei aller Individualität und unterschiedlicher Nationalität doch eine Weg-Gemeinschaft bilden.

Schönborn-Aich, Stefanie: Auf den Spuren der Pilger. Mein Weg nach Santiago

Wie war das damals bei deiner Ankunft in Santiago de Compostela? An welche Situationen, Gefühle und Gedanken erinnerst du dich noch? Schreibe sie auf.

1.2 Abschied an einem „Wende-Ort“ – aufbrechen und heimkehren

Abschied nehmen ist schwer

Alles hat seine Zeit – mein Aufbrechen und Unterwegssein, die Ankunft am Ziel und meine Rückkehr in die Heimat. Aufbrechen, das war ein „Sich-Einlassen“ auf das Pilgern in der Fremde auf unbekanntem Wege. Zurückkehren heißt aufbrechen in die Heimat, in den Alltag des Lebens. Nicht wenige Pilgernde fragen sich: Und was jetzt? Was wird daheim auf mich zukommen? Was will ich?

Viele Pilger und Pilgerinnen verdrängen zunächst diese Fragen. Ich meine zu Recht, denn zunächst sind andere Orte und Aufgaben wichtiger. Stichwortartig möchte ich an einige erinnern, die für die meisten Pilgernden von Bedeutung sind: Das Grab des Apostels in der Kathedrale besuchen, ihn begrüßen und umarmen; die Pilgermesse besuchen; die Compostela, d.h. die schriftliche Urkunde abholen, die bestätigt, dass ich in Santiago angekommen bin. Meine Unterkunft und Rückreise klären; den Erfahrungsaustausch und die Führung des deutschsprachigen Pilgerangebotes um die Kathedrale besuchen; für besondere Menschen daheim ein treffendes Geschenk suchen; mit Freunden und Mitpilgern unser Ankommen am Ziel feiern, sich freuen, miteinander lachen, die Erlebnisse und persönlichen Erfahrungen, Sorgen und Schicksale einander erzählen, Mail- und Telefonkontakte austauschen. Und so rückt die Zeit des Abschieds näher. Abschiednehmen vom Ziel und vor allem von den Menschen, die ich schätzen gelernt habe. Abschied tut bekanntlich weh, aber er muss sein. Wir können andere nicht festhalten. Jeder muss seinen Weg gehen und möchte vorher Abschied nehmen. Gemeinsam haben wir auf dem Pilgerweg innere und äußere Erfahrungen gesammelt. Doch den Weg im Alltag müssen wir selbst gehen. Doch welchen Weg? Damit rücken die bisher zurückgestellten Fragen immer näher und fordern mich heraus, darüber nachzudenken.

„Wendeorte"

Wo immer mein Weg in Richtung Westen endet – in Santiago de Compostela in der Kathedrale oder am Grab des Apostels, in Finisterre oder Muxía am Meer – ich stehe an einem „Wendeort". Er ist sowohl Ende als auch Neubeginn, hier endet mein Pilgerweg nach Westen und hier beginnt meine Heimreise in Richtung Osten, doch hier beginnt auch mein „Pilgerweg" in einen veränderten Alltag meines Lebens.
Solche „Wendeorte" können sein:

- Orte der Ruhe, des Innehaltens und Nachsinnens über mich und das, was ich unterwegs erlebt habe.
- Orte der Dankbarkeit für alles, was ich erlebt, entdeckt, erfahren und schätzen gelernt habe.
- Orte der Hoffnung, der Erwartung, der Sorgen und der Zweifel, denen ich auch im Alltag daheim begegnen werde.
- Orte des Abschieds, der Wehmut und Trauer, aber auch der Freude und des Mutes, neue Wege zu gehen.

Nachdem ich die notwendigen Aufgaben und die Vorbereitungen für die Heimkehr abgeschlossen und mich von meinen wichtigsten Mitpilgernden verabschiedet habe, nehme ich mir Zeit für mich. Zeit, um dankbar zurückzublicken auf die Erlebnisse und Erfahrungen meiner Pilgerwanderung. Für die Pilgernden des Mittelalters war das einfach, denn sie mussten auch die ganze Strecke wieder zurücklaufen. Da war ausreichend Zeit, um über sich, die Erlebnisse, den Apostel Jakobus, die Menschen, denen sie begegneten, und ihre Ankunft daheim nachzudenken. Heute wird unsere Rückkehr nach Hause durch die zur Verfügung stehenden schnellen Transportmöglichkeiten bestimmt. Wohl bedauern viele Pilgernde die Geschwindigkeit, mit der sie in den Alltag ihrer Heimat befördert werden, doch es gibt nicht wenige Pilgernde, die Kraft und Zeit aufwenden, nicht nur nach Santiago zu pilgern, sondern auch von Santiago aus zu Fuß in ihre Heimat zurückzukehren.

Erinnerungen – Mit welchen Erfahrungen und Vorsätzen kehre ich heim?

Ich gehe zu einem mir wichtigen „Wende-Ort“, suche einen ruhigen Platz und erinnere mich, was dieser Ort für mich alles bedeuten kann. Z. B.: mir Zeit nehmen für mich, zur Ruhe kommen, danken, Hoffnung tanken, Abschied nehmen, Mut finden, neue Wege zu gehen.

Dann blicke ich kurz zurück auf den Start und mein Unterwegssein als Pilger bis heute: Aufbruch und Begegnungen, Sorgen und Ängste, Gefühle und Stimmungen, Erlebnisse und Erfahrungen, Verletzungen und Überraschungen, Ermutigungen und Freiheit, Landschaften und Weite, Natur und Kultur und die Ankunft in Santiago. Dann wende ich mich den Fragen zu und schreibe auf, was mir jetzt dazu einfällt:

- Was hat mir auf diesem Weg gutgetan? Was habe ich als bereichernd erlebt?
- Welche drei Erfahrungen waren für mich besonders wichtig?
- Was hat mich bewegt zu pilgern? Habe ich unterwegs an dieses Motiv gedacht? Wurde ein anderes Motiv wichtiger?
- Zu Hause werde ich sicher öfter gefragt: „Na, wie war das Pilgern?“ Was könnte ich erzählen? Was würde ich nur einem Freund oder einer Freundin erzählen?
- Welche Gedanken und Gefühle beschäftigen mich, wenn ich an mein Zuhause denke?
- Was wird auf mich zukommen? Welchen Erwartungen und Herausforderungen muss ich mich daheim stellen?
- Wie geht es mit meinem Pilgerweg weiter? Was möchte ich in meinem Leben ändern? Mit was könnte ich beginnen?
- Wer könnte mich dabei unterstützen, meine Ideen und Vorsätze zu verwirklichen?

Einen ruhigen Ort suchen, Innehalten und Nachsinnen braucht Zeit. Die aber haben die meisten Pilgernden nicht bzw. sie nehmen sie sich nicht. Doch das ist der erste Schritt, die vielfältigen und unterschiedlichen Pilgererfahrungen zu bearbeiten und sich auf Daheim einzustimmen. Du kannst dich aber auch, nachdem du dich von deinem Wende-Ort verabschiedet hast, mit diesen Fragen im Zug, Flugzeug oder während einer Pause oder einer Zwischenlandung beschäftigen und dir das Ankommen in der Heimat vorstellen und dich auf manche Frage der daheimgebliebenen Menschen einstellen. Dabei hat mir immer mein Tagebuch geholfen. Ich begann, darin zu lesen. Das weckte Erinnerungen und Antworten auf manche Fragen. Andere Pilgernde lesen während der Rückreise auch nur in ihrem Tagebuch und ergänzen ihre Notizen. Erst daheim beschäftigen sie sich intensiv mit den konkreten Fragen und den Fotos, die sie als Erinnerung gemacht haben. Ich erlebe es immer als einen Gewinn, wenn ich mir ausreichend Zeit nehme, mich ausführlich mit meinem Tagebuch, den Fragen und Fotos zu beschäftigen.

1.3 Daheim ankommen – mein „alter und neuer Alltag"

Zu Hause ankommen

Kaum beginnt die Rückreise nach Hause, werden wir Pilgernde mit Lebensumständen und Erwartungen konfrontiert, von denen wir dachten, wir hätten sie auf dem Pilgerweg hinter uns gelassen. Statt achtsamem Gehen mehr Tempo, statt Zeit für sich hektische Unruhe, statt Stille ätzender Lärm, statt gesunde Luft stinkende Abgase, statt weite Landschaft dichte Menschenschlangen ...

Obwohl wir teilweise mit unseren Gedanken und Gefühlen noch im Pilgermodus sind, kommt uns schnell der Alltag entgegen, von dem wir uns vor einigen Wochen verabschiedet haben. Wenn Pilgernde heute auf der Rückfahrt an ihr Zuhause denken, dann sind viele wohl erfüllt von dem, was sie erlebt haben, aber auch nicht wenige sind unruhig und angespannt. Die einen denken daran, dass ihr soziales Umfeld nicht begeistert war von ihrem Entschluss, sich im fernen Spanien mehrere Wochen Auszeit zu nehmen von Partner, Familie, Freunden und Beruf.

Sie, aber auch viele andere, sind unsicher und fragen sich: Welche Erfahrungen, Gewohnheiten, Ansichten, Vorsätze oder gar persönliche Entscheidungen bringe ich nach Hause und in den Alltag mit? Was ist daheim geblieben, was hat sich verändert? Wie werden sie mich begrüßen? Wieder andere Pilgernde stecken voller Tatendrang und freuen sich auf daheim. Sie wollen den geliebten Menschen und Freunden ihre Erlebnisse erzählen. Die Nächsten sind begeistert, dass sie unterwegs eine wichtige Entscheidung getroffen haben, die sie daheim verwirklichen wollen. Ihre persönliche Freude darüber lässt sie leider oft vergessen, dass jede Entscheidung auch nahestehende Menschen betrifft, die sie damit verletzen oder erfreuen können.
Pilgernde sprechen selten und nur in vertrauter Runde über ihre Ankunft zu Hause. Die unausgesprochenen Gefühle, Fragen und die anderen Heimkehrhoffnungen der Pilgernden erinnern mich daran: Mit äußeren und inneren Erfahrungen, mit Erlebnissen und Begegnungen komme ich zurück an Orte, an denen ich Bekanntem begegne, an denen ich arbeite, an denen ich weiter leben möchte. Doch wie? Ich bin nicht mehr der Gleiche, als der ich aufgebrochen bin. Ob das die Daheimgebliebenen merken? Ob sie das akzeptieren können? Ich kehre verwandelt heim, sehe Altes neu, befreit von manchen Zwängen will ich mich neu auf meinen Lebensweg einlassen und dabei manches verändern. Doch welcher ist der richtige Weg? Dazu folgende Geschichte:

Ein Schüler fragte seinen Lehrer: „Was ist der richtige Weg?" Der Meister erwiderte: „Der alltägliche Weg ist der richtige Weg." Wiederum fragte der Schüler: „Kann man diesen Weg erlernen?" Der Meister sagte: „Je mehr du lernst, desto weiter kommst du vom Weg ab." Darauf fragte der Schüler: „Wenn man dem Weg nicht durch Lernen näherkommen kann, wie kann man ihn erkennen?" Da sprach der Meister zu ihm: Der Weg ist nichts Sichtbares und auch nichts Unsichtbares. Er ist nichts Erkennbares und auch nichts Unerkennbares. Suche ihn nicht, lerne ihn nicht, nenne ihn nicht! Sei weit und offen wie der Himmel, und du bist auf dem richtigen Weg."

Zen-Geschichte, Quelle unbekannt

Die Zen-Geschichte schlägt vor: „Sei weit und offen wie der Himmel und du bist auf dem richtigen Weg." Damit ist eine Basis gegeben, nicht mehr, aber auch nicht weniger. Doch welcher persönliche Weg ist für mich jetzt am Ende dieser Pilgerwanderung der „richtige“? Was will ich aus den Erfahrungen und Gedanken meines Pilgerns in den Lebensalltag einbringen?

Vertrauter Heimkehrer und fremder Pilger

Pilgernde sagen häufig, sie hätten auf ihrer Pilgerwanderung gelernt, mit neuen Augen zu sehen, achtsamer zu hören und einfühlsamer mit anderen umzugehen. Das wird dem Pilger, aber auch den Daheimgebliebenen sehr schnell bei der Ankunft daheim bewusst. Wie durch einen „Erfahrungsfilter“ nimmt der angekommene Pilger sein heimatliches Umfeld wahr. Er hat sich verändert und gleichzeitig weiß er, die Situation und Menschen sind ihm sehr vertraut aus der Zeit vor der langen Pilgerwanderung. Doch gleichzeitig fühlt er sich fremd, obwohl er noch derselbe Sohn, Vater und Ehemann, dieselbe Tochter, Mutter und Freundin, der Arbeitskollege, Freund oder Freundin ist. Auch die Daheimgebliebenen spüren, der zurückgekehrte Pilger hat sich verändert, er ist uns wohl vertraut, aber gleichzeitig ist er uns fremd. Das zu klären und zu ändern, kann nur gelingen in einem gegenseitigen Umgang, der bestimmt ist durch Offenheit, Rücksichtnahme, Vertrauen, Toleranz und Annäherung. Aus den einander fremd gewordenen Personen müssen wieder sich vertrauende Menschen werden. Fremdsein, das ist dem Pilger von seinem Aufbrechen und Unterwegssein vertraut. Denn der Ursprung des Wortes „Pilgern“ zeigt, dass wir uns von der Geburt bis zum Tod immer wieder mit unserem Fremdsein auseinandersetzen müssen.

Als Fremder unterwegs sein

Wer als Pilger aufbricht, verlässt die Heimat, die vertraute Umgebung. Er bricht auf vom Bekannten ins Unbekannte, von der Sicherheit in die Unsicherheit, er geht äußerlich und innerlich in die Fremde. Damit lebt er den Ursprung des deutschen Wortes „pilgern“, das vom lateinischen „peregrinatio“ kommt. Es bedeutete ursprünglich „jenseits des heimatlichen Ackers“. Ein „peregrinus“ ist einer, der als Ausländer in der Fremde umherzieht und fern von Haus und Vaterland lebt. Wir sehen also zwei Bedeutungen: fremd sein und wandernd unterwegs sein. In der vorchristlichen Antike wurde „peregrinus“ zunächst nicht religiös, sondern juristisch verstanden. Er war der Fremde, der keinem verbündeten Staat angehörte und deshalb immer vogelfrei und rechtlos war. Erst die antiken Religionen entwickelten das Gebot, dem rechtlosen, oft armen Fremden Gastfreundschaft zu gewähren, da er unter dem besonderen Schutz der Götter stehe. Wenn pilgern wesentlich zum Leben als Mensch gehört, dann erleben wir das Pilgerdasein in dreifacher Weise als Fremde.

Zunächst leben Pilgernde als Fremde fern der Heimat in einer anderen Region, einem anderen Land. Wir sind darauf angewiesen, dass wir uns die alltäglichen und lebensnotwendigen Dinge für das Pilgern besorgen können oder erhalten, wir müssen uns irgendwie verständigen, brauchen zuverlässige Wegweiser und Orte, an denen wir einkehren und Gastfreundschaft erleben können.

Zweitens sind wir je nach Situation, Betroffenheit und Erfahrung unsicher, wir „fremdeln“. Dieses Gefühl kennen wir auch, wenn wir etwas total Neues erfahren, von ihm herausgefordert sind, Angst haben, von einem Schicksalsschlag betroffen sind. Wohl haben wir uns im Laufe der Jahre gut in unserem Wohn-, Arbeits- und Beziehungsverhältnis eingerichtet, für das Alter ist vorgesorgt, die Kinder gehen ihre Wege, usw. Vieles scheint selbstverständlich und doch, trotz materiellen Wohlstands oder vielleicht gerade deswegen, sind wir uns innerlich in manchem fremd geblieben. Das eigene Leben erscheint plötzlich oberflächlich, hektisch, leer und sinnlos. In solchen Phasen „fremdeln“ wir. Denn es tauchen häufig unerfüllte oder neue Sehnsüchte und Fragen auf, wie z. B.: War das schon alles? Will ich wirklich so weiterleben? Es ist wichtig, diese Gedanken zuzulassen und sich mit diesen Fragen auseinanderzusetzen, denn sie sind ein Signal der Lebendigkeit des Pilgers in uns, nur durch sie bleiben wir als Suchende auf dem Weg und können ihn finden.

Ein Drittes kommt hinzu. Für den Pilger in uns ist „die Sehnsucht die charmante Art Gottes, sich bei uns in Erinnerung zu halten“ (Erich Purk). Wir sind Fremde in dieser Welt und werden durch die Sehnsucht daran erinnert, dass wir nicht ewig leben. Letztlich geht es um die Frage: „Wohin gehe ich?“

Bewusster leben – denn wir sind nur auf der Durchreise

Der Jakobusweg in Spanien wird auch als alter spiritueller Weg von Ost nach West, vom Leben zum Tod, verstanden. Für den mittelalterlichen Pilgernden – wie auch für viele Pilgernde heute – gehörte der Weg von Santiago de Compostela zum Cabo Finisterre, nach mittelalterlicher Vorstellung das Ende der Welt, daher unbedingt dazu. Mich erinnert und bewegt hier an diesem Ort die Erzählung einer Frau, die sie mir kurz vor dem Ende unserer Bus- und Wanderreise anvertraut hat:

Einige Monate vor der Reise verstarb tragisch und unerwartet ihr 40-jähriger Sohn. Auf einer der kurzen Wanderungen während der Reise fand sie einen Stein, der ihr gefiel. Der Stein wurde für sie zu einem „schweigenden Zuhörer", dem sie ihre Gedanken, Sorgen und Ängste mitteilte, vielleicht auch manches übergeben konnte. Das tat sie während den kurzen Wanderungen und in den stillen Zeiten nach den spirituellen Impulsen. Am „Ende der Welt" warf sie den Stein mit allen ihren bedrückenden Gedanken ins Meer. Dazu sagte sie: „Ich konnte damit einiges loslassen. Ich habe nicht mehr das Gefühl, ich muss meinem Sohn hinterher springen. Ich kann jetzt wieder an die Zukunft denken und mit meinem Verlust und Schmerz mein Leben gestalten."

Peter Müller

Ein komplett unerwartetes Geschehen war in ihr Leben eingebrochen und hatte sie erfasst. Sie musste sich mit dem Tod ihres Sohnes auseinandersetzen, sie musste mit diesem zunächst fremden Schock umgehen lernen. Meine spirituellen Impulse seit Beginn der Reise und Wanderungen – eigentlich nicht dafür vorbereitet und eingesetzt – und vertraute Gespräche auf dem Pilgerweg entwickelten eine Eigendynamik, gaben ihr Kraft, an ihrer persönlichen Trauer zu arbeiten und das Fremde in ihr loszulassen. Nur so konnte sie frei werden für ihr Suchen nach Halt und Sinn in ihrem weiteren Leben. Nach christlichem Verständnis sind wir „auf dem Weg nach einem letzten Zuhause, nach einer Heimat, in der wir ganz daheim sein können" (Anselm Grün). Dieses letzte Ziel heißt Gott – oder wie es Paulus sagt: „Unsere Heimat ist der Himmel" (Philipper 3,20). Eine alte Erzählung aus dem jüdischen Kulturkreis fasst das zusammen:

Ein Mann aus den USA wollte einen berühmten Rabbi in Europa besuchen. Doch wie enttäuscht war er, als er in die kleine Mietwohnung des Rabbi eingelassen wurde. Als Mobiliar waren einzig ein Bett, ein Stuhl und einige Bücher zu sehen. Er hatte viel mehr erwartet. „Aber Rabbi, wo sind denn Ihre Sachen?", fragte er erstaunt. „Wo sind denn Ihre?", fragte der Rabbi zurück. „Ich bin doch nur auf der Durchreise", antwortete der Mann. „Ich auch", entgegnete der Rabbi.

Geschichte aus dem jüdischen Kulturkreis, Quelle unbekannt

Wir sind in dieser Welt nur auf der Durchreise, wo immer wir auch unterwegs sind, ob auf sandigen, grünen oder asphaltierten Wegen, ob auf steinigen, steilen oder abschüssigen Wegen, ob in der Natur, auf Urlaubs- oder Geschäftsreise, ob auf Pilgerwegen oder auf dem täglichen Weg daheim im Alltag – wir sind unterwegs, denn „unser Leben ist – von der Geburt bis zum Tod – ein Weg, ja, es ist ein Pilgerweg".

Das Leben findet im Augenblick statt,
es geht darum wahrzunehmen,
was man gerade tut.
Und es geht darum,
den inneren Frieden zu nutzen,
und immer wieder
neue Möglichkeiten zu entdecken.

Nossrat Peseschkian, Goldene Regeln der Lebenskunst

2. Vom Sinn des Pilgerns – auf Pilgerwegen und im Alltag des Lebens

Der spanische Dichter Antonio Machada (1875–1939) erinnert in einem Gedicht an eine einfache menschliche Erfahrung:

Wanderer, Weg gibt es nicht, Weg wird Schritt für Schritt. Schritte werden Weg.

2.1 Pilgern ist mehr als ...

Viele Pilgernde haben erlebt, dass pilgern „mehr" ist. Sie kommen begeistert zu Hause an. Sie erzählen von ihren Begegnungen und Erlebnissen, den wechselnden herrlichen Landschaften, den Herbergen entlang des Weges, von Pilgerfreundschaften, Dörfern und Städten, Kapellen und Kathedralen, von der Weite der Meseta, vom schweigenden Gehen, den offenen Gesprächen mit Weggefährten ... Diese Begeisterung steckt manche Zuhörer an, über ihre Sehnsucht und Möglichkeiten nachzudenken, selbst zu pilgern. Ich frage dann manchmal den angekommenen Pilger: „Was hat dich bewegt zu pilgern? Hattest du ein Ziel? War Motiv und Ziel dieser Pilgerwanderung dir unterwegs noch wichtig oder hat sich auf dem Weg daran etwas verändert? Weißt du, weshalb? Hast du unterwegs einmal gezweifelt weiterzugehen, zum Beispiel wegen deines schweren Rucksacks, den Blasen an den Füßen, den manchmal zu langen Tagesrouten, dem täglichen Rhythmus? Wie hast du die Probleme überwunden? Was war für dich das Wichtigste auf dem Weg?" Manche Pilgernde antworten sehr offen, andere reden nicht gerne über diese „persönlichen" Fragen und sagen das auch, die nächsten weichen aus und erzählen etwas Allgemeines.

Es gibt viele Gründe um zu „pilgern". Die Journalistin und Pilgerin Dagmar Höner listet in ihrem Pilgerbuch *111 Gründe, Pilgern zu gehen. Eine Liebeserklärung* 111 Gründe auf, die für das Pilgern sprechen. Jeder Grund wird auf zwei bis drei Seiten angereichert mit eigenen Erfahrungen, Beobachtungen und hilfreichen Informationen. So entsteht beim Leser ein facettenreiches „Bild vom Pilgern", das die Autorin als ihre „Liebeserklärung" an das Pilgern versteht.

Solch ein „Bild vom Pilgern" weckt Erinnerungen an mein eigenes Unterwegssein und bestätigt mir: Ja, pilgern ist mehr als eine Urlaubswanderung, mehr als ein Megatrend, mehr als die Wiederentdeckung einer mittelalterlichen Tradition, mehr als einfaches wandern. Pilgern ist das alles und noch viel mehr. Pilgern lässt sich nicht vollständig beschreiben, aber wir können lernen, seine grundlegenden Sinnaspekte zu erfassen.

2.2 Das Leben ist ein Weg

Das Leben ist ein Weg. Wir begegnen unterwegs Wegweisern und Wegbegleitern, erleben Verbindendes und Trennendes, Verlust und Gewinn, gehen Um- und Irrwege, aber auch vorgegebene, ausgetretene und zugewachsene Wege. Es gilt, Berge zu ersteigen und Aussichten zu genießen, Täler zu durchschreiten und Tiefen auszuhalten. Ob weicher Waldweg oder asphaltierter Radweg, ob Pfad oder querfeldein, Pilgerweg oder Lebensweg: Jeder muss seinen Weg suchen und gehen.

Unterwegs begegnen wir Neuem, das uns herausfordert, etwas zu wagen. „Bewegen" und „wägen" entstammen der gleichen sprachlichen Wurzel. Wer sich auf den Weg macht, wägt ab und wagt etwas. Das gilt für das äußere Unterwegssein auf Pilgerwegen, aber auch für den inneren Pilgerweg im Lebensalltag daheim. Für beide ist es ein Wagnis, denn das bedeutet – wie so oft im Leben –, sich aus erstarrten Denk- und Lebensgewohnheiten und vertrauten Sicherheiten herauszuwagen, sich auf Unbekanntes einzulassen, Neues zu erproben, sich zu verändern.

Das Wort „Weg" ist sprachlich mit „Sinn" verwandt. Sich nach etwas auf den Weg machen, heißt: auf etwas sinnen, seinen Sinn ergehen, ihn Schritt für Schritt erfahren wollen. Das Leben ist ein Weg: Die Metapher lädt uns als suchende Menschen ein aufzustehen, uns aus erstarrtem Denken und Verhalten zu lösen und, bewegt durch meine Sehnsucht nach dem Sinn meines Lebens, Schritt für Schritt zu gehen. Auf dem Weg sein – das ist eine Grunderfahrung menschlichen Lebens. Hier begegne ich Konstantem, Traditionen und Erstarrtem, aber auch Aufbrüchen, Offenheit und Verwandlungen.

Unser Leben ist eine ständige Einladung und Herausforderung. Es verlangt von uns Antworten, die zu Veränderungen und Verwandlungen führen. Ein junger Mann erzählte während eines Erfahrungsaustausches der deutschsprachigen Pilgerseelsorge von seinen Begegnungen und konkreten Antworten auf seinem Pilgerweg und fasste sie so zusammen:

Ich bin aufgebrochen, um mehr Klarheit zu finden auf meine Frage: Berufswechsel – ja oder nein? Ich habe darauf keine klare Antwort gefunden, dafür aber viele andere Antworten, was ich jetzt in meinem Leben ändern muss. Darüber bin ich sehr glücklich. Vielleicht war das jetzt wichtiger. Mein Pilgerweg geht weiter.

Michael, Pilger

Das Leben ist ein Pilgerweg

Der „Weg" ist auch ein christliches Symbol für die menschliche Grunderfahrung des Unterwegsseins in dieser Welt, denn „unsere Berufung ist es, unterwegs zu sein" (Ignatius von Loyola). Dem „Wegsymbol" begegnen wir häufig in den Schriften des Alten und Neuen Testaments. Für das Volk Israel war Jahwe ein „Gott des Weges", der es begleitet. Jesus von Nazaret war seit seinem ersten öffentlichen Auftreten ein „Wandervogel". Anselm Grün nannte ihn so, weil er in dieser Charakterisierung „seine Freiheit und Kraft, die von ihm ausging" spürt. Jesus begab sich 40 Tage in die Wüste um zu fasten, anschließend pilgerte er mit seinen Anhängern durch Galiläa und nach Jerusalem. Er verkündete und lebte die „frohe Botschaft" von einem barmherzigen und liebenden Gott. Die frühen Christen benutzten das Wegsymbol nach seinem Kreuzestod und der Erfahrung seiner Auferweckung als die Selbstbezeichnung und nannten sich „Anhänger des neuen Weges" (Apostelgeschichte 9,2 u. a.). „Der neue Weg", das war ihr Glaube und die Art und Weise, wie sie ihn lebten. Sie wollten damit sagen: Unsere Erfahrungen kann man nur verstehen, wenn man sich auf einen Weg begibt, sich ihm anvertraut und eigene Erfahrungen sammelt in der Gewissheit, „du bist auf diesem Weg nicht allein, viele gehen ihn mit dir. Es geht dir einer voraus: Jesus Christus ... das Kennzeichen am Christusglauben ist nicht, dass er ein Glaube, sondern ein Weg ist. Du kannst ihn nicht lernen und auswendig hersagen, du musst ihn gehen. Du selbst." (Jörg Zink)

Was heißt das für uns? Wie wird aus einem suchenden Menschen auf seinem Lebensweg ein Pilger auf dem Pilgerweg seines Lebens?

Was macht einen Weg zum Pilgerweg?

Es gibt in ganz Europa zahlreiche Pilgerwege. Die meisten sind mit dem Zeichen der Jakobusmuschel gekennzeichnet. Wir pilgern nicht nur von Ort zu Ort und orientieren uns an Wegweisern, sondern wir sind auch unterwegs zu unserer Seele, zu uns selbst. Dabei zeigt uns die Jakobusmuschel wohl den gekennzeichneten Weg, doch damit wird der Weg nicht automatisch zu einem Pilgerweg. Für Menschen, die auf diesem Weg wandern oder Rad fahren und das Wegzeichen der Muschel nicht als Zeichen für Pilgernde deuten, bleibt dieser Weg einer unter den zahlreichen Wanderwegen.

Ein mit der Muschel gekennzeichneter Weg wird zum Pilgerweg erst durch die „innere Einstellung und Haltung“ des Pilgers, in der er unterwegs ist. Bischof Ambrosius von Mailand (ca. 340–397) meinte dazu: „Niemand kann den Weg (als Pilger und Christ, Anm. d. Autors) laufen, wenn sein Herz eng zusammengeschrumpft ist. Mag der Weg noch so eng sein, dein Herz muss weit sein.“ Dieses weite Herz und eine offene Haltung kann auf unserem Unterwegssein auf dem äußeren und inneren Pilgerweg, im Alltag daheim, im Beruf, in der Natur, in den Begegnungen und Gesprächen mit Menschen, in der Gestaltung meiner Freizeit auf vielfältige Weise wahrgenommen, erfahren, gelernt und gelebt werden. Beispiele: Im Aufbruchsritual eines Pilgersegens zu Beginn einer längeren Pilgerwanderung oder eines Pilgertages auf regionalen Jakobuswegen oder in einem Psalm am Morgen, einer Weisheitsgeschichte, in einer kurzen Besinnung am Morgen zum Tagesbeginn. Oder ich nehme mir während des Tages bewusst eine Zeit für mich, langsam oder schweigend zu gehen, zu stehen oder zu sitzen, achtsam die Landschaft als Schöpfung Gottes anzuschauen, zu staunen, zu verweilen, zu danken. Täglich gibt es vielfältige Gelegenheiten, meinen Alltag bewusster und achtsam wahrzunehmen, innezuhalten und zu gestalten und dafür am Abend des Tages zu danken.

Diese Wahrnehmungen regen mich an zu fragen: Was macht mein Gehen auf dem Weg oder meine berufliche Tätigkeit gerade mit mir? Was sehe, höre oder spüre ich? Was nehme ich körperlich wahr? Oder ich beginne nach meinen Wurzeln zu suchen, aus denen ich lebe und frage weiter: Was trägt mein Leben und was gibt ihm Sinn? Wie will ich leben? Und schließlich früher oder später die Frage: Wie halte ich es mit Gott und Glaube?

Vom Wanderer zum Pilger

Pilgern auf Jakobuswegen, auf anderen Pilgerwegen oder auf einem inneren Wege im Alltag daheim erfordert zunächst den Mut aufzustehen, aufzubrechen und zu gehen bzw. zu beginnen, d.h. ganz einfach den ersten Schritt zu tun. Drei Arten von Bereitschaft sind dabei hilfreich. Zunächst die Bereitschaft, der Natur, kulturellen Schöpfungen, anderen Menschen, mir selbst und Gott zu begegnen. Zweitens die Bereitschaft, offen zu sein für diese sehr unterschiedlichen Begegnungen und all die darin enthaltenen Überraschungen, Erkenntnisse und Erfahrungen. Und schließlich die Bereitschaft, mich durch das, was in diesen Begegnungen geschieht, verändern und verwandeln zu lassen. Was solch eine Bereitschaft bewirken kann, zeigt das Bekenntnis eines Pilgers:

Ich ging diesen Weg nicht aus religiösen Beweggründen, doch die Landschaft, die vielen Menschen, Junge, Alte, die Spanier und die vielen aus verschiedenen Nationen, ihre Eigenarten, Offenheit und Freundlichkeit, die Verständigung durch Sprache, gebrochene Worte, Mimik und Gestik faszinierten mich. Dieser Weg hat mich ‚ergriffen'. Ich bin als Wanderer aufgebrochen und als Pilger angekommen.

Hermann, ein Pilger

2.3 Spiritualität

Ohne das Wort „Spiritualität" zu verwenden, habe ich in den vorangegangenen Ausführungen einige Erfahrungen „christlicher Spiritualität" genannt. Der Begriff „Spiritualität" wird oft inflationär verwendet. Daher versuche ich hier einerseits seine hebräisch-christlichen Wurzeln und seinen Sinn, andererseits seine konkreten Lebensbezüge kurz aufzuzeigen.

Die Erfahrung des Ergriffenseins

Der Ursprung des Wortes „Spiritualität“ liegt im lateinischen „spirare“ = *hauchen, atmen, wehen* und „spiritus“ = *Atem, Wind, Lebenshauch*. Sie bezeichnen eine unsichtbare geistige Kraft, die dem einzelnen oder einer Gruppe Lebendigkeit und Gestalt gibt. „Spiritus“ – diesen Geist können wir nicht fassen, sondern nur erfahren. Denn „Spiritualität ist die Erfahrung des Ergriffenseins durch den Spiritus, den Geist Gottes“ (Sebastian Painadath). Der „Geist Gottes“ ist lebendig, gegenwärtig, dynamisch, er ermutigt und gestaltet, bringt Neues und strebt nach Einheit. So könnte man ihn umschreiben, aber nicht definieren. Christliche Spiritualität beschreibt also ein Ergriffensein, eine “Geisteshaltung“, aus der heraus Christen ihr Leben gestalten und in der sie sich begleitet fühlen vom Geiste Gottes.
Die praktische Lebensgestaltung aus dem Geist Gottes kann sehr verschieden sein. Dem entsprechend finden wir heute unterschiedliche Wege spirituellen Lebens, z. B. in den christlichen Ordensgemeinschaften, in einer Kirchengemeinde, in religiösen Gruppierungen ... so auch auf Jakobus- und anderen Pilgerwegen.

Als Pilger unterwegs im Alltag

Wir leben im Alltag, hier sind wir unterwegs, sprechen und handeln. Dabei erleben wir uns auch vielfältig und widersprüchlich, mit Hoffnungen und Sorgen, Wünschen und Enttäuschungen, mit einer Sehnsucht nach Ganzheit, Sinn und Heil und der Erfahrung der Verletzlichkeit und Zerbrechlichkeit unseres Lebens. Wir zweifeln und fragen, sind engagiert und erfolgreich, aber stoßen auch an Grenzen, benutzen multimediale Errungenschaften unserer Gesellschaft mit ihrer Überfülle an Informationen, Reizen und Einflüssen, sind den Problemen, Gefahren und Chancen einer Pandemie ausgesetzt ... Mitten in einem stressigen und meist nach außen orientierten Lebensalltag suchen wir nach innerer Ruhe, Zuversicht und dem Sinn unseres Lebens. Sinn wird jedoch nicht vorgegeben, ich muss aufbrechen, ihn suchen und finden.
Als Pilgernde im Alltag beginnen wir mit einer Standortbestimmung und fragen uns z. B.: Wer bin ich? Was tut mir gut? Was bedrückt und behindert mich? Wie erlebe ich mich im Moment? Welche Werte lebe ich und welche möchte ich leben? Was erwartet das Leben von mir?

Diesem ersten Schritt der Selbsterkenntnis folgt der Blick in den Spiegel meiner Mit- und Umwelt. Ich frage mich: Wie gehe ich mit den Dingen dieser Welt um? Aus welchen Quellen lebe ich? Was trage ich zum Gelingen zwischenmenschlicher Beziehungen bei? Was zu meiner Beziehung zu Gott? Was trägt mich durch meinen Tag, z. B. eine Zeit der Stille, mein Tagesrhythmus, Gespräche, Gebet, Spiele mit Kindern, soziales Engagement, Freude an der Arbeit? Was hilft mir hoffnungsvoller und gelassener zu leben?
Der spirituelle Weg zu den Antworten dazu ist ein „tägliches Pilgern im Alltag“ auf dem wir uns bemühen, achtsam zu leben, Veränderungen wahrzunehmen und zu gestalten. Pilgern im Alltag ist eine, möglichst tägliche, freiwillige Unterbrechung des Tages, ein Innehalten, in der wir uns mit Leib, Geist und Seele auf diesen Übungsweg einlassen (vgl. Wochenthemen mit Impulsen).

Der Ruf des Bildes: Sei auf der Hut ...

Das Leben ist ein Pilgerweg. Dieses Bild beschreibt Lebenswirklichkeit, benennt Lebenserfahrungen und deutet Lebenssituationen. Die Metapher ruft uns zu: Sei auf der Hut, damit das wirkliche Leben – in Beruf, Familie und Freizeit – nicht an dir vorüberzieht, dich nicht überrollt oder du mit Leib und Seele auf der Strecke bleibst. Lade dir nicht zu viel auf und werfe unsinnige Lasten rechtzeitig ab. Sei aufmerksam mit allen Sinnen, lass unterwegs los und werde frei. Dann bist du auf dem Weg zu deiner Mitte.

Der Weg des Lebens ist täglich neu der Weg zu mir selbst. Dabei ist es gut zu wissen: Ich werde getragen von dem, der alle Wege mitgeht, mich auffängt und wieder aufrichtet. Danke!

Maliella, Pilgerin

3. Unterwegs als Pilger – auf der Suche nach Sinn

In Geschichten steckt viel Weisheit. Sie bringen die Sache auf den Punkt. Sie erzählen hautnah vom Leben, halten uns – wie alt sie auch sein mögen – einen Spiegel vor Augen und fordern dazu auf: Schau in den Spiegel! Wie steht es mit dir? Wie lebst du als Pilger im Alltag? Dazu eine alte Mönchserzählung.

3.1 Sinnsucher unterwegs

Es waren einmal drei Mönche. Der erste wollte Streitende dazu leiten, Kriege zu beenden und sie zum Frieden führen, der zweite beschloss, sich um Kranke zu kümmern, um sie zu heilen, und der dritte zog als Einsiedler in die Wüste, um dort Gott zu ehren und in Ruhe zu leben.

Viele Jahre vergingen. Der erste Mönch, der sich um die Streitenden mühte, konnte nur wenig Streitende versöhnen und es gelang ihm kaum, kriegerische Auseinandersetzungen zu verhindern. Er zweifelte an sich, wurde mutlos und beschloss den zweiten Mönch aufzusuchen, der den Kranken diente. Auch der war in gedrückter Stimmung und unzufrieden mit seiner Tätigkeit. Da beschlossen sie, den dritten Mönch aufzusuchen. Sie pilgerten zu ihm in die Wüste und erzählten ihm von ihren Zweifeln, Sorgen und Schwierigkeiten. Er hörte aufmerksam zu, schwieg eine Weile, dann führte er sie an einen Brunnen. Dort nahm er ein großes Gefäß, an dem ein Seil befestigt war, warf es in den Brunnen und zog es gefüllt mit Wasser wieder heraus. Dann forderte er sie auf: „Schaut in den Brunnen! Was seht ihr?" „Schäumendes, unruhiges Wasser", antworteten sie. Der Einsiedler wartete schweigend einige Minuten, bis das Wasser sich beruhigt hatte, dann sagte er zu ihnen: „Schaut nochmals hinein! Was seht ihr jetzt?" Die beiden schauten hinein und antworteten: „Jetzt sehen wir im Wasser unser Gesicht, wir sehen uns selbst." „So müsst auch ihr schweigen, still werden und zur Ruhe kommen, damit ihr euch selbst, sowie den Sinn eurer Tätigkeit und eures Lebens erkennt."

Neubearbeitung von Peter Müller

Jeder der drei Mönche hatte sich auf seine Weise in seiner Lebenswelt eingerichtet. Die ersten beiden lebten ein aktives Leben und hatten sich einer wichtigen Aufgabe zugewandt. Sie leisteten für ihre Mitmenschen einen wertvollen Beitrag, indem der eine half, Konflikte zu bewältigen und Frieden zu stiften und der andere Kranke besuchte und sie heilen wollte. Doch nach einiger Zeit wurden sie unzufrieden, sie stießen an ihre Grenzen. War das alles in meinem Leben? Welchen Sinn hat mein Leben?

Sinnvoll und glücklich, zufrieden und erfüllt ist mein Leben nur, wenn ich erkenne: Wozu tue ich das? Was ist der Sinn meines Tuns? Trägt mich diese Tätigkeit ein Leben lang? Die Anforderungen, Aufgaben und Misserfolge und die ständigen Enttäuschungen belasteten die beiden Mönche. Unruhe, Hektik und Stress kamen hinzu. Sie fanden keine Zeit für sich, um innezuhalten und die eigenen Fehler zu erkennen. Jeder verdrängte die Fragen: Was ist mir wichtig? Wozu lebe ich?

Da erinnerten sie sich an ihren Freund in der „Wüste". Sie brachen auf, um ihn zu besuchen und nach Rat zu fragen. Sie erzählten ihm von ihren „Nöten" und schütteten ihm ihr Herz aus. Seine Antwort war zunächst eine „Weile des Schweigens" und anschließend ein „symbolhaftes Ritual", ein „zweimaliges Schauen in einen Brunnen". Dabei erkannten sie, der Weg des Menschen zu Gott führt selten über große Ideale, sondern mitten im Alltag über die Realitäten meines Lebens, über Leib und Seele, Gedanken und Gefühle, Schwächen und Stärken, Gelingen und Scheitern, Freude und Enttäuschungen. Das zu erkennen, ist eine immer neue und wichtige Aufgabe. Dazu ist es wichtig, meiner Sehnsucht nachzuspüren, mir Zeit zu nehmen für mich und sie zu nutzen, um dann in den „Spiegel eines ruhigen Wassers" zu schauen, um immer neu nach dem Sinn, dem „Wozu?", einer konkreten Situation und des Lebens zu suchen.

3.2 Die Sinnfrage im alltäglichen Leben

Bevor wir uns auf den inneren Pilgerweg sinnvollen und gelingenden Lebens einlassen, fragen wir: Ist diese Geschichte auch ein Spiegel für unser Leben? Das Gefühl der Sinnlosigkeit ist in unserer Gesellschaft weit verbreitet. Gleichzeitig ist die Sehnsucht nach Sinn ein vitales menschliches Bedürfnis. Doch „ich kann das Leben nur wagen, wenn ich einen Sinn darin sehe" (Anselm Grün). Findet ein Mensch auf seine

Frage „Wozu?“ – in einer konkreten Situation – keine sinnvolle Antwort, dann kann er an Sinnmangel erkranken. Das wirkt sich auf den ganzen Menschen aus: Körper, Seele und Geist sind betroffen.
Viktor E. Frankl, der Begründer der Logotherapie, bezeichnete die weit verbreitete und wachsende Orientierungslosigkeit und Sinnleere als „existenzielle Frustration“. Der frustrierte Mensch wirkt kraftlos und matt, unzufrieden, versteht sich und andere nicht, beklagt einen Mangel an Interessen und Initiativen, ist ratlos, ängstlich, niedergeschlagen, wehrt häufig ab, hat wenig Hoffnung auf Veränderung, denkt eher negativ, fühlt sich leer und ausgelaugt, wirkt unsicher in Krisenzeiten, sieht keinen Sinn in bestimmten Situationen oder in seinem Leben, sein Welt- und Werteverständnis ist sehr eingeschränkt – er lebt gleichsam in einem „inhaltslosen Vakuum“ (Elisabeth Lukas), er ist frustriert.
Jeder kennt Zeiten, in denen er diese oder jene Gefühle, Stimmungen, Enttäuschungen, Selbstzweifel, Hilflosigkeit, Verzweiflung, Minderwertigkeitsgefühle, selbst erlebt hat. Dennoch ist er nicht in eine totale Sinnkrise geraten. Das ist richtig und gut so. Doch wir machen es uns zu einfach, wenn wir diese Kennzeichnungen nur psychisch kranken Menschen zuordnen würden. Die Sinnfrage bricht in Konfliktzeiten (Pflicht und Neigung, Partner, ...) oder in schweren Lebensphasen (schwere Krankheit, Tod, Abschied, ...) oder in Wendezeiten des Lebens (Berufswechsel, Umzug, Familienzuwachs, ...) besonders häufig auf und belastet sowohl einzelne als auch das Umfeld. Wir leben oft so dahin in unserer „Durchschnittszufriedenheit“ und merken kaum, wie wir in ein inhaltsloses Vakuum hineinschlittern, ohne Ziel und ohne intensiv um etwas zu kämpfen. Wir klagen über zu wenig Zeit und stürzen uns gleichzeitig in nervenkitzelnde „Langeweile-Füll-Angebote“.
Das „normale Leben“ wird von gesellschaftlichen Einrichtungen und Einflüssen wesentlich mitbestimmt, die ihren Mitgliedern möglichst viel Unangenehmes ersparen wollen. Daraus wächst ein Vorsorge- und Anspruchsdenken. Leistungsorientierung, technische Sicherungen, Wachstum und Wohlstand und die Macht der Medien sollen den bequemen Lebensstandard sichern. Religion in traditioneller Form ist weniger gefragt, sie wird reduziert auf traditionelle Familienfeste. Die Kirchenaustritte nehmen zu und die Selbstdarstellung der Amtskirchen zu brennenden Fragen vieler Menschen fördert die wachsende Distanz.

Bisher gültige Wertvorstellungen dürren aus. Der Alltag wird immer mehr bestimmt von Medien- und Erlebnisangeboten statt von Sinn- und Gebrauchswerten. „Verwirkliche dich selbst!" wird zur unreflektierten Zielvorstellung. Freiheit ist gut und wichtig, doch andererseits werden gegenseitig hohe Ansprüche gestellt und keiner will auf seine Bedürfnisbefriedigung verzichten. Das Gute am normalen Leben und den Lebensbedingungen wird zum Selbstverständlichen, es wird nicht mehr gewürdigt und hat einfach zu sein, wie es ist. Gleichgültigkeit, Anspruchsdenken und Beziehungslosigkeit sind häufige Folgen. Das normale Leben hat keine Würze, keinen Geschmack – so als wäre es ohne Sinn. Und dennoch – oder gerade deshalb – fragen heute immer mehr Menschen: Wie kann mein Leben gelingen?

3.3 Sinn suchen, Sinn finden

Ob in Krisenzeiten, wie z. B. in der Corona-Pandemie oder im normalen Leben, die Frage nach dem Sinn stellt sich zunächst in konkreten Situationen. Es geht nicht immer um den Sinn des Lebens, sondern meist um den „Sinn in einer Lebenssituation". In vielen Situationen stehen wir wie an einer Wegkreuzung. Wir sind zur „Freiheit verurteilt" und müssen entscheiden, ob wir gehen und in welche Richtung wir gehen. Jede Entscheidung wirkt auf meinen „Sinn des Lebens", ohne dass es mir immer bewusst ist. Andererseits, wenn ich mich nur um den „letzten" Sinn sorge, laufe ich Gefahr, die Orientierung im Hier und Jetzt zu verlieren. Darum konzentrieren wir uns hier auf konkrete Lebenssituationen, stellen Fragen und warten auf Antworten.
Als Pilgernde sinnvoll im Alltag zu leben, das könnte dann heißen: Dass ich mich mit meinen Fähigkeiten, meinem Wollen und Fühlen, mit Leib, Geist und Seele auf die Herausforderung einer Situation einlasse, mich mit ihr auseinandersetze, sowohl meine Schwächen und Grenzen als auch Spielräume und Möglichkeiten, etwas zu verändern, erkenne und danach handle. Sinnvoll leben, könnte dann heißen: Das für mich und mein Lebensumfeld Gute und Hilfreiche in einer Situation zu erkennen und es auch tun. Denn „Es gibt nichts Gutes, außer man tut es" (Erich Kästner), damit aus möglichem Sinn, wirklicher Sinn wird.

3.4 Sinn- und Gottsucher unterwegs

Auch wenn viele Pilgernde es ablehnen würden, sich als „Gottsucher“ zu bezeichnen, sie sind es dennoch, weil dieses Motiv häufig unbewusst in ihnen vorhanden ist. Ja, wir alle sind Suchende nach dem Sinn unseres Lebens und nach Gott. Oder wie Günter Kunert ein Gedicht beginnt:

Ich bin ein Sucher / Eines Weges / Zu allem was mehr ist
Als ...

Günter Kunert, Sucher eines Weges

Wir alle suchen nach Gott. Wir unterscheiden uns nur durch unsere Kindheits- und Lebenserfahrungen und Enttäuschungen, Zuwendungen und Gewohnheiten, Widerstand und Missbrauch, innere Verletzungen und begrenzte Sichtweisen, Sorgen und Ängste ... und die Art und Weise, wie wir es gelernt haben, Gott in unserem Leben zu suchen oder abzulehnen. Oft vermischen sich dabei profane und religiöse Einflüsse. Die einen suchen Gott bewusst, andere geben ihr Bemühen auf und nicht wenige erkennen erst unterwegs die wahren Beweggründe ihres Unterwegsseins.

Wo zwei oder drei in meinem Namen ...

Es ist Zeit zur Mittagspause. Ich lege den Rucksack an der kleinen Bar ab und höre eine mir bekannte gregorianische Melodie. Etwa 20 Meter abseits sitzen zwei Pilger und beten singend in koreanischer Sprache die Psalmen ihres Mittagsgebetes. Ich setze mich, höre zu, summe die Melodie für mich mit und lasse mich tragen von den Rhythmen des Choral-Gesangs der beiden Mönche. Dabei erinnere ich mich an die biblische Aussage: „Wo zwei oder drei in meinem Namen versammelt sind, da bin ich mitten unter ihnen“ (Mt 18,20).

Peter Müller

Eine unerwartete Begegnung mit einem Glaubenszeugnis und eine Einladung, mich zu fragen: Was berührt das in mir?

Staunen über Gottes Gegenwart

Die unglaubliche Weite, diese Farben. Da habe ich die Tiefe des Himmels so stark wahrgenommen. So unendlich. Und dann, ich weiß nicht, ich habe so eine Gegenwart von irgendetwas gespürt. Ich habe mich überhaupt nicht allein gefühlt. Obwohl ich da mutterseelenallein war.

Barbara, Pilgerin

Die eine Pilgerin spürte die „göttliche Gegenwart" in der Natur, ein anderer Pilger beginnt, über Gott nachzusinnen. Wer das tut, wird unweigerlich über das eigene Ich stolpern und sich zumindest für diese Dimension öffnen. Das erlebte Hape Kerkeling, der während seiner Pilgerreise über Gott nachsinnt und sich die Frage stellt:

Wer bin ich? Wer ist Gott?

Was aber, wenn dann am Ende dieser Reise die Antwort lautet: Nein, tut mir sehr leid. Der existiert nicht. ... Könnte ich damit umgehen? ... Wer ist Gott? Oder wo oder wie? ... (Aber) anscheinend weiß ich ja nicht einmal so genau, wer ich selber bin. Wie soll ich da herausfinden, wer Gott ist? Meine Frage muss also erst mal ganz bescheiden lauten: Wer bin ich?

Hape Kerkeling, Ich bin dann mal weg. Meine Reise auf dem Jakobsweg

Für einige mag das anstrengend oder fromm klingen, doch pilgern ist mehr als ein Wandern in einer tollen Landschaft, mehr als eine perfekt organisierte Wallfahrt, eine spirituelle Rallye oder eine Freizeitgestaltung. An welchem Ort du auch bist, während einer längeren Pilgerwanderung, eines Pilgertages, beim Spaziergang auf Wegen daheim, in der Natur,... oder in deinem Alltag, du bist eingeladen, ja, herausgefordert, über dein Leben, deinen Glauben und deine Hoffnung nachzusinnen und zu leben. Unser Leben ist, von der Geburt bis zum Tod, ein Pilgerweg. Nicht nur auf den äußeren Straßen, Wegen und Pfaden von Ort zu Ort, sondern auch auf unseren inneren, oft so verschlungenen Pfaden von Leib, Geist und Seele.

Ich habe die ganze Welt auf der Suche nach Gott durchwandert und ihn nirgendwo gefunden. Als ich nach Hause kam, sah ich ihn an der Tür meines Herzens stehen. Und er sprach: "Hier warte ich auf dich seit Ewigkeiten." Ich bin mit ihm ins Haus gegangen.

Rumi

Als Suchender unterwegs

Ich war ein Sucher
eines Weges
zu allem was mehr war
als ausgetretene Pfade
als eintöniger Gleichschritt
als immer das Gleiche

Ich war unterwegs als Sucher
eines Weges
zu mir
zu dir
zu euch
zu Gott

Ich habe
einiges gewagt
auf manches verzichtet
vieles erlebt und erfahren
bin Neuem begegnet
war gerührt und bin dankbar

Ich bleibe ein Sucher
auf dem Pilgerweg des Lebens
denn der eigentliche Pilgerweg
ist der Alltag des Lebens

Peter Müller

4. Damit dein Leben gelingt! – Übernehme Verantwortung und lebe selbst

In vielen seiner Vorträge und Bücher fasst Anselm Grün eine wichtige Erkenntnis unseres Lebens zusammen: „Lass dich nicht leben. Lebe selbst!“ Das heißt: Lass dich nicht ständig von außen bestimmen und beeinflussen. Sei du selbst! Sei du innerlich authentisch und stark. Bemühe dich, immer mehr der zu werden, der du bist, denn das ist das Ziel jeden Lebens. Und ich füge hinzu: Das ist auch das Ziel des inneren Pilgerns. In der folgenden Geschichte wird das deutlich:

4.1 Geh! Gönne dich dir selbst!

Im 12. Jahrhundert beklagte sich Papst Eugen III. bei seinem ehemaligen Lehrer, dem Mönch Bernhard von Clairvaux (1090–1153), dass er vor lauter Beschäftigung, Bittstellern, Anträgen und Terminen nur noch von außen bestimmt werde und nicht zur inneren Ruhe komme. Der Mönch antwortete:

Wie lange willst du so leben?

Ich fürchte, dass du, eingekeilt in deine zahlreichen Beschäftigungen, keinen Ausweg mehr siehst ... Es ist viel klüger, du entziehst dich von Zeit zu Zeit deinen Beschäftigungen, als dass sie dich ziehen und dich nach und nach an einen Punkt führen, an dem du nicht landen willst. Du fragst an welchem Punkt? An den Punkt, wo das Herz hart wird. ... Wenn du dein ganzes Leben und Erleben völlig ins Tätigsein verlegst ... Wie kannst du voll und echt Mensch sein, wenn du dich selbst verloren hast? Auch du bist ein Mensch. Damit deine Menschlichkeit allumfassend und vollkommen sein kann, musst du also nicht nur für alle anderen, sondern auch für dich selbst ein aufmerksames Herz haben. ... Wie lange noch schenkst du allen anderen deine Aufmerksamkeit, nur nicht dir selbst? Ja, wer mit sich selbst schlecht umgeht, wem kann der gut sein? Denk also daran: Gönne dich dir selbst! Ich sage nicht: tu das immer, ich sage nicht: tu das oft, aber ich sage: tu es immer wieder.

Bernhard von Clairvaux, Gotteserfahrung und Wege in die Welt

Kommt uns das nicht bekannt vor? Aus Erfahrung wissen wir, je mehr wir unsere Aufmerksamkeit den äußeren Dingen zuwenden und keine Zeit mehr haben für uns selbst, desto mehr geraten wir in einen Sog äußerer Kräfte, die uns oft schleichend von uns selbst entfernen und den Kontakt zu den inneren Quellen unserer Seele schwächen. Wir werden mehr gelebt, als dass wir selbst unser Leben bestimmen. Wir fühlen uns leer und ausgebrannt. Häufig sind wir dann in der Gefahr, unsere Bemühungen nach außen zu verstärken, doch nach kurzem Reiz wird alles nur noch schlimmer. Wir fangen an zu rotieren, nehmen die leisen Signale der Seele nicht mehr wahr, werden härter zu uns selbst und anderen. Doch nur wer für sich selbst sorgt, kann auch zum Segen für sich und für andere werden. Nur wer loslassen kann, kann sich auf etwas Neues einlassen und es erreichen. Nur wer sein rechtes Maß findet zwischen äußerem Engagement und Zeiten innerer Einkehr bei sich selbst, wird Möglichkeiten entdecken, die sein Leben bereichern und in Balance halten.

Gönne dich dir selbst! – Vielleicht hast du dich darum auch schon bemüht, aber es nach einiger Zeit aufgegeben. Eventuell denkst du auch: „Das ist leichter gesagt, als im Alltag getan". Vor allem, wenn ich z. B. meine ganze Energie darauf verwende, es allen recht zu machen oder ganz in meiner Arbeit aufgehe, wenn mein Aussehen, meine Wirkung auf andere, Events oder vieles andere mir wichtiger sind als ich selbst. Fragen wir also: Was könnte „Gönne dich dir selbst!" für mich bedeuten?

Sich Zeit gönnen, sich Gutes tun!

Zunächst könnten wir sagen: „Gönne dich dir selbst" heißt „sich Gutes tun". Das ist richtig, doch „sich Gutes tun" sollte sich nicht darin erschöpfen, gut essen zu gehen, ein Glas Wein in geselliger Runde zu genießen, in ein Museum, einen Kurs oder Film zu gehen, meine körperliche Fitness zu verbessern ... Das sind durchaus interessante Möglichkeiten, doch „Gönne dich dir selbst" meint mehr als ein rezeptartiges „man nehme, man tue". Es ist vielmehr eine Kunst, in der ich mich um eine körperliche, geistige und seelische Balance bemühe, um ein ganzheitliches Wohlbefinden. Ein Wohlbefinden, das mir äußerlich und innerlich guttut, das könnte z. B. heißen: Ich nehme mir Zeit für mich,

eine Zeit, in der ich mich ganz konzentriere auf eine mir wichtige Tätigkeit, z. B. ein Buch lesen, eine Zeit der Stille, eine Meditation, Entspannungsübung, sportliche Tätigkeit, Spaziergang im Wald, ein Hobby, ... oder einen Ort aufsuche, an dem ich mich wohlfühle, eine Zeit in der ich mich geborgen und getragen fühle und einen Sinn für mein Leben erkenne (vgl. dazu die Impulse bei den 10 Wochenthemen). Darauf zielt der Weckruf des Bernhard von Clairvaux: Befreie dich aus deinen äußeren und inneren Zwängen, nimm dir Zeit und „gönne dich dir selbst“, damit deine Seele aufatmen kann.
Unser Leben ist voll, ja, manchmal überfüllt von Terminen, Freizeitmöglichkeiten, Konsumgütern, Ablenkungen, Informationen, Erwartungen und sonstigen Reizen. Daher ist es nicht leicht, sich z. B. täglich einmal Zeit für sich zu gönnen. Die Fülle der alltäglichen Reize hindert mich daran, mir Zeit für mich zu nehmen, sie mir zu gönnen und körperlich, geistig und seelisch neue Kräfte zu tanken. Doch die Seele braucht Zeiten, Orte und Rhythmen damit ich ihre Signale erkennen und leben kann.

Ich lade dich ein, hier eine Pause einzuschieben und über deinen Umgang mit deiner Zeit nachzudenken:

- ➢ An welche Zeiten und Orte erinnerst du dich, die du allein genießen konntest und wo du zur Ruhe kommen bist? Sind diese Gelegenheiten „Zufälle“ im Alltag oder sind sie geplant?
- ➢ Woran spürst du, dass du dich an diesem Ort oder zu dieser Zeit wohlfühltest?
- ➢ Wie war das auf deinem Pilgerweg? War da immer was los oder hattest du auch stille Zeiten, schweigende Pilgerzeiten, Gespräche mit dir selber oder einem Mitpilgernden? Wie hast du das erlebt? Was hat dir gutgetan?

Oft bin ich in Gedanken auf einer Etappe des Jakobusweges und manchmal im Traum auch nachts: Roncesvalles, Puente la Reina, Burgos, Léon, Cebrero. Vor meinem geistigen Auge gehe ich immer wieder. Das stärkt mich, auch daheim als Pilger zu leben.

Anton, Pilger

Rhythmen unseres Lebens

Rhythmen bestimmen unser Leben: Tag und Nacht, ein- und ausatmen, anspannen und entspannen, Arbeit und Freizeit, Wachen und Schlafen, Gehen und Ausruhen ... Einige Rhythmen sind uns bewusst, andere beachten wir nicht oder leben sogar gegen sie, sei es aus Gewohnheit, aus innerem Drang oder erzwungen durch äußere Bedingungen und vorgegebene Zeitabläufe. Manche Menschen sind Nachtschwärmer, andere sind Schichtarbeiter, den nächsten diktieren der PC oder steigende Erwartungen der Vorgesetzten und Kunden das Arbeitstempo. Zeit ist Geld, kurze Pausen und schnell etwas „dazwischen essen" bestimmen den Lebensalltag vieler. Hinzu kommt die steigende Erwartung, per Smartphone überall erreichbar zu sein und jede Pause zu nutzen für mediale Kontakte. Für viele ist das selbstverständlich und (noch) nicht belastend. Doch wenn wir unsere natürlichen Rhythmen ständig missachten, stören wir unser inneres Gleichgewicht von Körper, Geist und Seele. Wir achten leider erst dann auf den Herzrhythmus, wenn unser Herz „sticht" oder „stolpert". Wir essen erst dann bewusster und langsamer, wenn der Magen schmerzt. Natürliche Rhythmen sind jedoch wichtige „Ordnungsprinzipien" gesunden Lebens.
Wenn wir im Getriebe des Alltags keine Orte der Ruhe für uns finden, sollten wir die Rhythmen unserer Tages-, Freizeit- und Arbeitsgestaltung überprüfen und fragen: Welche Rhythmen will ich in Zukunft beachten? Wie beginne ich meinen Tag? Wann gönne ich mir Zeit für mich? Wie beende ich meinen Tag?

4.2 Was will ich? – Ermutigungen für mich

Die Weisheit des Professors

Ein alter Professor – es könnte auch ein Lehrmeister, eine Lehrerin, ein Mönch, ein Kursleiter, ... sein – stand aufrecht vor dem Kreis seiner Studenten und schaute sie über den Rand seiner Brille ernst an. Eine Minute verging, manche wurden unruhig. Dann lächelte er und begann zu reden:
„Zu jedem Zeitpunkt stellt das Leben euch eine große und wichtige Frage. Eine Frage, die über Glück und Unglück entscheidet. Und ... die meisten bemerken gar nicht, dass das Leben euch diese Frage stellt."

Dann eine lange Pause. Stille breitete sich aus. Erwartungsvoll schauten die Zuhörer auf ihn. Dann sprach der Professor ruhig und mit eindringlicher Stimme: „Die Frage lautet: Nimmst du im Leben das, was auf dich zukommt? Das, was übriggeblieben ist? Das, was du einfach bekommen kannst?“ Alle waren still und die Spannung stieg.
„Oder überlegst du dir, was gut für dich wäre? Was deiner Natur entspricht? Welche Fähigkeiten du hast und zurzeit nicht nutzt? Was dein Platz, dein Ziel in dieser Welt sein könnte? Setzt du dich ein, dieses Ziel zu erreichen? Übernimmst du dafür Verantwortung? Willst du der Bestimmer oder der Befehlsempfänger in deinem Leben sein? Diese Frage stellt dein Leben jeden Tag an dich, wo immer du gerade bist, in welcher Stimmung du bist, welche Gefühle du hast, was dir Freude oder Ärger bereitet ... Und die Qualität deines Lebens hängt so sehr ab von der Antwort, die deine Taten jeden Tag erzählen.“
Schweigen breitete sich aus. Der Professor schaute wissend seine Studenten an. Die einen waren erstaunt oder verwirrt, viele jedoch hatten sich aufgerichtet, ihre Augen leuchteten. Er nickte zufrieden und verließ den Raum.
bearbeitet von Peter Müller, Quelle unbekannt

Welche Fragen hat dir dein Leben in letzter Zeit gestellt? Wie hast du darauf geantwortet? Wie hast du dich in dieser Situation gefühlt, als über dich bestimmt wurde oder als du mitbestimmen konntest?
Auf die Fragen des Lebens hören und darauf antworten, das sind zwei wichtige Fähigkeiten. Doch genügt das? Eine Antwort gibt uns die nächste Geschichte.

Der Laden Gottes
Ich trat ein und sah einen Engel hinter dem Verkaufstresen. Verwundert und überrascht sagte ich: Heiliger Engel des Herrn, was verkaufst du? Das sind alles Gaben Gottes, antwortete er mir. Sind sie teuer? Nein, es ist alles kostenlos. Ich sah mich aufmerksam im Laden um. Es gab Krüge voll Glück, Päckchen mit Hoffnung, Körbe, die mit Zufriedenheit überquollen, Schachteln, gefüllt mit Hinweisen und Weisheiten, zudem Tüten mit Vertrauen und vieles mehr. Mut fassend bat ich: Ach, bitte, ich möchte gerne ein Glas Glauben, viel Glück und Frieden für mich und meine Familie, meine Nachbarn und Freunde. Reichlich Dankbarkeit auch, Vergebung und eine große Liebe

zu allen. Eilfertig bereitete mir der Engel des Herrn eine kleine Packung, die leicht in meiner Hand Platz hatte. Überrascht sagte ich: Hast du alles, um das ich dich gebeten habe in dieses winzige Päckchen getan? Lächelnd antwortete der Engel: Mein lieber Mensch, im Laden Gottes verkaufen wir keine Früchte, es gibt bei uns nur Samen.

Peter Müller (nach einer Idee von Anthony de Mello)

Man möchte diese Geschichte spontan fortsetzen: „... *Für alles Weitere musst du selber sorgen, das ist die beste Voraussetzung, damit deine Samen wachsen, gedeihen und Früchte tragen.*" Denn nun liegt die Verantwortung bei dir, dem Käufer des „Samens!". Was willst du säen, hegen, pflegen, schützen, um Früchte zu ernten?
Sich auf den Weg machen, handeln und die Verantwortung zu übernehmen, das ist das eine, Hindernisse überwinden und vor allem Durchhaltevermögen, das ist das andere. Davon erzählt eine dritte Geschichte.

Mut des kleinen Samens

Es waren einmal zwei kleine Samen, die tief in der Erde steckten. Ihre innere Stimme sagte ihnen, dass es Zeit sei, einen Sprössling zu bilden und zu wachsen. Das taten sie dann auch. Nach einigen Tagen stießen sie beide mit dem Kopf an etwas Hartes und – wie es schien – Undurchdringliches. „Ach", seufzte der eine Samen, „Hier geht es nicht weiter." Und er resignierte nach einigen Versuchen.
Der andere Samen wollte nicht aufgeben. „Ich finde einen Weg!", dachte er bei sich und ließ seinen Sprössling einfach an der harten Decke entlanglaufen und wachsen. Das war mühsam, anstrengend und immer wieder kam der Gedanke aufzugeben, aber innerlich war er sich sicher, dass irgendwo etwas Wunderbares auf ihn warten würde. Und tatsächlich spürte er nach einigen Tagen, wie die harte Decke über ihm endete. Er mobilisierte nun noch einmal alle Kräfte und wuchs nach oben. Neben der Straße durchbrach er die Erde, wo die Sonne auf ihn wartete, es Wasser gab und genügend Erde. So konnte er sich entfalten und wuchs zu einer leuchtenden und beachteten Blume am Wegesrand.

Bearbeitet von Peter Müller, Quelle unbekannt

Der kleine Samen ist mutig, er blickt nach vorne und spornt sich selbst zuversichtlich an: „Ich finde einen Weg!" Er glaubt fest daran, dass es einen Ausweg gibt. Kennst du auch solche Reaktionen bei dir? Manchmal hilft es, nicht zu schnell aufzugeben und sich einen ermutigenden Satz zuzusprechen: „Ich finde einen Weg!" Oder: „Ich habe Zeit und bin geduldig! Ich schaffe das!" Oder du informierst dich ganz einfach bei einem erfahrenen Wegweiser, jemandem, der schon vor dir einen schwierigen Weg gegangen ist.

Musst du ...?

Musst du dir
Gott erst beweisen?
Zündet man eine Fackel an
um die Sonne zu sehen?

Traditionelle Weisheit in vielen Religionen

5. Spirituelle und praktische Wegweiser – Informationen und Tipps

5.1 Mein Pilgerweg geht weiter

Du bist am Ziel deines Pilgerweges und daheim angekommen. Was nun? Sicher stellst du dir, wie viele andere Pilger und Pilgerinnen, die Frage: Was mache ich mit all meinen Erlebnissen, Erfahrungen und Erkenntnissen, mit meinen Fotos, meinem Tagebuch und den neuen Bekanntschaften / Freundschaften? War mein Pilgern nur eine einmalige Wanderreise? Oder geht es mir wie dem Pilger, der während eines Erfahrungsaustausches für deutschsprachige Pilgernde meinte:

Pilgern auf dem Camino de Santiago gehört zu den besten Erfahrungen meines Lebens. Doch das Gestern war auf dem Pilgerweg, das Morgen steht daheim vor der Tür und das Kommende ist ein Geschenk des Alltags auf dem Pilgerweg meines Lebens.

unbekannter Pilger

Angekommen am Ziel seiner Pilgerreise, erinnert der Pilger daran, dass sein irdischer Pilgerweg im Alltag seines Lebens weitergeht. Dazu bist auch du herausgefordert. Ob du erst kürzlich deine Pilgerwanderung beendet hast, sie schon einige Jahre zurückliegt oder du aus anderen Motiven neu in deinen Pilgerweg im Alltag starten möchtest, die *zehn Wochenthemen* wollen dich anregen, ermutigen und begleiten. Damit das möglichst gelingt, findest du hier einige Informationen und Tipps.

5.2 Die sieben Weltwunder des Alltags

In einer Veranstaltung mit jungen Erwachsenen fragte die Kursleiterin: „Welches sind für Sie die sieben größten Weltwunder? Schreiben Sie diese bitte auf einen Zettel." Nach der Schreibphase lasen die Teilnehmer anschließend reihum ihre Weltwunder vor. Am meisten genannt wurden: Pyramiden von Gizeh, die Chinesische Mauer, die Peterskirche in Rom, die hängenden Gärten von Babylon, der Grand Canyon, ...
Als die letzte Teilnehmerin an der Reihe war, zögerte diese zunächst. Doch dann las sie vor: „Ich denke, die sieben Weltwunder sind für mich: sehen zu

können, hören zu können, laufen zu können, schmecken zu können, berühren zu können, lachen zu können, lieben zu können. Nicht nur, dass jeder Mensch das kann, ist ein Weltwunder, sondern auch, dass wir uns diese Wunder gegenseitig schenken können."
In der Runde wurde es ganz still. Dann sagte die Kursleiterin: „Wir sehen und bestaunen oft zu recht die großen Leistungen der Menschheit. Doch wir sind auch in Gefahr die kleinen alltäglichen und selbstverständlichen Dinge zu übersehen. Die kostbarsten Dinge im Leben sind oft nicht jene, die präsentiert, bestaunt oder gekauft werden, sondern vor allem die Dinge, welche vom Einzelnen und im menschlichen Miteinander Tag für Tag gelebt werden."
Peter Müller

Bevor du dich jedoch auf die Spuren dieser „Weltwunder" begibst, um sie dir selbst zu schenken, und in das Herzstück des „inneren Pilgerweges" einsteigst, solltest du dich informieren über die Anregungen und Hilfen, die dir angeboten werden. Zunächst gehe ich davon aus, dass du den ersten Teil des Leitwortes „Leben lässt sich nur rückwärts verstehen, ..." gelesen und mit deinen Erfahrungen auf dem Pilgerweg für dich bearbeitet hast. Sie liefern grundlegende Informationen über den Sinn des Pilgerns und erinnern dich an eigene Pilgererfahrungen.

5.3 Zehn Wochenthemen für den inneren Pilgerweg

Das sechste Kapitel mit seinen zehn Wochenthemen ist das spirituelle Zentrum dieses Buches. Ihr verbindendes Thema lautet: „Das Leben muss vorwärts gelebt werden", denn „der eigentliche Pilgerweg ist der Alltag des Lebens". Eröffnet wird dieses Herzstück mit einer Einstimmung zum „Symbol des Pilgerstabes". Dem folgen die zehn Wochenthemen. Wie kannst du die zahlreichen Anregungen sinnvoll für dich nutzen? Dazu folgende Informationen.

Informationen – Wochenthemen und Wochenrituale

Ab 6.1 bis 6.10 findest du *zehn Wochenthemen* mit Texten, Geschichten, Sprüchen, meditativen Übungen, Ritualen und einfachen Bewegungs- und Entspannungsübungen. In ihren am Alltag orientierten spirituellen Impulsen findest du Gedanken und Anregungen, die auf unterschiedliche Weise ausgewählte Aspekte des Pilgerns und vor allem die Frage nach dem Sinn unseres Lebens aufgreifen. Die spirituellen Impulse fordern uns heraus, über unser Leben nachzudenken, eigenes Verhalten zu hinterfragen und zu überlegen, wie wir leben wollen, was uns wichtig ist und was unserem Leben Sinn gibt.

Die Reihenfolge der *Wochenthemen* ist nicht zwingend, doch es erleichtert deinen spirituellen Weg, wenn du mit den ersten drei Wochenthemen beginnst und dann jedes Wochenthema frei wählst.

Jedes der *Wochenthemen* startet mit einem Titelblatt (Thema, Foto, Weisheits- oder Pilgerspruch). Dem schließt sich ein *Pilgersegen* für den Beginn der Woche an, den du auch jeden Tag als Einstieg lesen kannst. Eine *Einstimmung in den Tag* bietet die Gelegenheit, einen Aspekt des Wochenthemas zu vertiefen. Diese Einstimmung kannst du gerne schon am vorhergehenden Wochenende oder während der Woche lesen.

Dem folgt ein wichtiges Ritual für die ganze Woche, das tägliche Wochenritual, möglichst am Tagesbeginn. Du bist eingeladen, dich mit diesem Impuls jeden Tag in der Woche, am besten gleich morgens, während einer stillen Zeit ca. 15 bis 20 Minuten einzustimmen und zu meditieren. Die Anleitung für die jeweilige Woche findest du unter dem Stichwort „tägliches Wochenritual". Selbstverständlich kannst du diese Meditation auch zu einer passenden Zeit jeden Tag in dieser Woche gestalten. Die Erfahrung zeigt jedoch, als Einstieg in den Morgen entfalten solche stillen und meditativen Übungen ihre stärkste Wirkung für den Tag. Nicht jede neue Übung wird gleich perfekt gelingen, doch habe Geduld und gib dir Zeit, dir selbst Gutes zu tun.

Dem folgen unter der Überschrift „Atempausen – Impulse zur Auswahl" in der Regel drei oder vier Impulse. Wähle täglich eine Übung aus, um damit eine kurze Atempause einzulegen. Weniger ist mehr. Nimm dir Zeit und gönne dich dir selbst.

Unter den „Abendgedanken – Den Tag gut beenden" findest du kurze Anregungen und einen Gebetstext zum Abschluss des Tages.

5.4 Anregungen zum Tagesrhythmus

Tagesrhythmen bestimmen unser Leben. Wenn wir im Getriebe des Alltags keine Ruhe finden und wir die Tage immer wieder hektisch und

stressig erleben, dann sollten wir die Rhythmen unserer Tages-, Freizeit- und Arbeitsgestaltung überprüfen oder dementsprechend unsere Gewohnheiten ändern. Gewohnheiten haben oft einen schlechten Ruf, z. B. Rauchen, ungesunde Ernährung, wenig Bewegung, ständiges Fernsehen.
Dabei wird oft übersehen, dass Gewohnheiten sehr nützlich sein können, z. B. regelmäßig Sport treiben, täglich eine gute Tat tun ...
In diesem Begleiter auf dem „inneren Pilgerweg“ schlage ich vor, deine täglichen Gewohnheiten bewusst anzuschauen und das eine oder andere zu ändern und zu üben. Das könnte heißen: Am Morgen nehme ich mir mehr Zeit und lasse den Tag ruhig beginnen, den Tagesablauf unterbreche ich zwischendurch, um eine kurze Atempause einzulegen, und auch den Abend beende ich achtsam. Mir ist bekannt, dass solch eine Einteilung für nicht wenige berufstätige Menschen eine echte Herausforderung ist. Viele versuchen es gar nicht erst oder scheitern daran, doch wer sich darauf einlässt, gewinnt für sich nicht nur mehr Zeit, sondern auch mehr Gelassenheit und Ruhe. 20 bis 30 Minuten früher aufstehen, das bedeutet: In Ruhe den Tag zu beginnen, Zeit für sich zu haben, bewusst zu atmen, sich zu bewegen, zu danken für den Morgen oder still zu sitzen, um zu meditieren. Oder den Tag für eine Atempause nur fünf Minuten zu unterbrechen und sich am Abend 10 bis 15 Minuten hinzusetzen und ruhig den Tag zu überdenken – das sind heilsame Zeiten für Leib, Geist und Seele. Das sind auf einen Tag verteilt 40 bis 60 Minuten für mich und für mehr Zufriedenheit, Gesundheit, Freude und Ausgeglichenheit in meinem Leben. Ich lade dich ein, mutig damit zu beginnen.

Den Tag gut beginnen

- ➢ Ich setze einen bewussten Anfang: dehne und strecke mich; atme die frische Luft des Morgens; segne mich mit dem Kreuzzeichen oder wähle mir einen Weisheitsspruch für den Tag.
- ➢ Ich nehme mir Zeit für das tägliche Wochenritual und blicke zum Abschluss in den heutigen Tag: Worauf will ich heute achten?
- ➢ Ich beende diesen Morgen mit einem kleinen Spruch, Gedanken oder Wunsch, der mich durch den Tag begleitet.

Atempause – den Tag unterbrechen

- ➢ Ich unterbreche bewusst meinen Tagesablauf: Aufstehen, Ortswechsel, still sitzen, Spaziergang durch den Park oder ich wähle einen Impuls, der mich durch den Tag begleitet.
- ➢ Ich atme fünf bis acht Mal tief durch, lege in Gedanken – eventuell auch in der Realität – meine Arbeit der letzten Stunde ab, bleibe eine kurze Zeit still sitzen oder stehen und konzentriere mich dann auf eine neue Aufgabe.

Den Tag gut beenden

- ➢ Ich setze einen Anfang (ähnlich wie beim Tagesbeginn), werde still und schaue zurück auf meinen heutigen Tag.
- ➢ Ich notiere mir wichtige Gedanken und Erfahrungen. Ich danke für das heute Gelungene und lerne aus meinen Fehlern. Ich schließe mit einem Text oder Gebet.

Drei Tageszeiten, drei Möglichkeiten, für sich zu sorgen, sich Gutes zu tun, sich etwas zu gönnen. Dreimal am Tag für sich zu sorgen, das erscheint vielen zu viel des Guten. Doch auch hier gilt in Abwandlung der Satz von Bernhard von Clairvaux an Papst Eugen III.:

Denk daran: Gönne dich dir selbst! Ich sage nicht: Tu das immer dreimal am Tag, ich sage nicht, tu das sehr oft, aber ich sage, nimm dir wenigstens einmal am Tag Zeit für dich.

5.5 Mein Dankbarkeitsbuch

Zahlreiche Pilgernde schreiben unterwegs ein Tagebuch. Sie notieren sich täglich wichtige Begegnungen, was sie gesehen, gehört, gespürt oder erlebt haben oder was für sie wichtig war. Viele tun es am Abend und verbinden es mit einem Tagesrückblick. Nicht wenige nutzen ihr Pilgertagebuch auch, um sich ihre Sorgen, Ängste, Fragen und Erlebnisse „von der Seele zu schreiben".

Das „Dankbarkeitsbuch", zu dem ich dich auf deinem „inneren Pilgerweg" einlade, hat ein anderes Ziel: die „Dankbarkeit". Denn „alles im Leben ist ein Geschenk und die Antwort darauf ist ‚Danke'" (Bruder

David Steindl-Rast). Sicher hast du es selbst schon oft bemerkt: Die positiven Dinge im Leben nehmen wir oft als selbstverständlich wahr und übersehen das, was gut, erfreulich und schön ist. Wir vergessen daher auch, dafür zu danken. Wir kümmern und sorgen uns meist um die ärgerlichen, belastenden oder enttäuschenden Seiten einer Situation, das heißt um die negativen Dinge im Leben. Was können wir dagegen tun? Ich schlage vor, auf deinem inneren Pilgerweg deine Aufmerksamkeit immer mehr auf die angenehmen Dinge deines Lebens zu richten und dafür dankbar zu sein. Dabei kann dich ein „Dankbarkeitsbuch" unterstützen, in das du täglich, im Moment oder am Abend hineinschreibst, wofür du jetzt oder an diesem Tag dankbar bist. Das ist oft nicht so leicht, vor allem wenn mich sorgenvolle Gedanken, Ärger oder Angst, Enttäuschung oder gar eine Krise beschäftigen. Doch auch hier gibt es immer wieder kleine Lichtblicke, die du wahrnehmen und schätzen kannst. Entscheidend ist es, worauf du dich konzentrieren willst: auf das, was gut ist, oder das, was an der Sache ärgerlich oder verletzend war.

Auf der letzten Seite der zehn Wochenthemen findest du unter dem Stichwort „Abendimpuls – Den Tag gut beenden" auch die Anregung zu einem Rückblick in den Tag. Konzentriere dich vor allem auf die gelungenen und schönen Erlebnisse des Tages. Lerne, für sie zu danken und sie niederzuschreiben. Um den positiven Dingen des Lebens leichter auf die Spur zu kommen, kannst du folgende Fragen stellen:

- ➢ Was habe ich heute Gutes erlebt, gesehen und getan?
- ➢ Was hat mir heute Freude bereitet, mich zum Schmunzeln oder Lachen gebracht?
- ➢ Was würde mir fehlen, wenn ich etwas Gutes nicht gesehen, gehört oder getan hätte?
- ➢ In welchen Bereichen geht es mir besser als anderen Menschen? Für welche bin ich dankbar? Wodurch kann ich anderen helfen?

Dankbarkeit
ist nicht nur die größte aller Tugenden,
sondern auch die Mutter von allen.

Cicero

5.6 Pilgertage ab der Haustür

Pilgertage sind ein unterstützender Bestandteil meines „inneren Pilgerwegs“. Abseits eines familiären und beruflichen Alltags begebe ich mich auf den Weg zu mir selbst. Pilgertage unterbrechen meinen Alltag. Wie beim klassischen Pilgern gehe ich in die „Fremde“, um Neues zu sehen, zu hören und zu erleben oder um Bekanntes neu zu genießen. Das Unterwegssein in der Natur, die Stille, die Zeit für mich und, soweit es möglich ist, die Gespräche mit anderen Pilgernden, unterstützen meine Bemühungen auf dem „inneren Pilgerweg“. Sie geben mir Gelegenheit, zur Ruhe zu kommen und neue Kräfte zu tanken. Pilgertage sind ein „Kurzzeitpilgern“ auf regionalen Pilgerwegen in unterschiedlichen Formen:

- Ein Pilgertag, den ich selbst vorbereite, z. B. mit Texten, spirituellen Impulsen, Geschichten aus diesem Buch. Ich starte morgens, bin den Tag über allein unterwegs und kehre am Abend innerlich bereichert heim.
- Ein Pilgertag, den ich mit zwei bis drei Freunden vorbereite und gestalte. Gemeinsames Pilgern hat den Vorteil, dass Pilgererfahrungen ausgetauscht werden können.
- Ein Pilgertag, der von einer Bildungseinrichtung, einer Jakobusgesellschaft, einer Kirchengemeinde oder einem anderen Veranstalter angeboten wird. In der Regel werden solche Pilgertage von einem ausgebildeten Pilgerbegleiter geleitet. Der Vorteil: Ich melde mich an und lasse mich auf die Wegstrecke und Impulse ein, treffe Gleichgesinnte und am Pilgern interessierte Menschen.

5.7 Vielfältige Pilgerwelt – Wo kann ich mich informieren?

Die Möglichkeiten, mit anderen Interessenten zu pilgern oder sich in Jakobusvereinigungen zu treffen und sich als Pilger in Gruppen zu engagieren, sind vielfältig. Hier sind einige Kontakte aufgelistet, an die sich jeder wenden kann.

Kontaktadressen zu regionalen Pilgertagen, aber auch Angebote für örtliche Pilgertreffs, Jahrestagungen, Pilgerberatung, Informationen zu einzelnen Pilgerwegen, Pilgerausweise, ... und vieles andere findest du in der Broschüre der „Jakobus-Vereinigungen in Deutschland“, zum Beispiel über die:

Deutsche St. Jakobus-Gesellschaft e. V.
Tempelhofer Str. 21, 52068 Aachen, Tel. 0241/4790 127;
Mail: info@deutsche-jakobus-gesellschaft.de oder
Homepage: www.deutsche-jakobus-gesellschaft.de

Fränkische St. Jakobus-Gesellschaft Würzburg. e. V., Ottostr. 1 – Kilianeum, 97070 Würzburg, 0931/3866 3870 oder 0931/3866 3879;
Mail: info@jakobus-franken.de oder
Homepage: www.jakobus-franken.de

Weitere Kontaktadressen findest du über diese beiden größten Jakobusgesellschaften in Deutschland im Internet. Viele markierte Wege wurden in den letzten dreißig Jahren gekennzeichnet und miteinander vernetzt. Sie alle führen letztlich nach Santiago de Compostela, doch jeder Pilgerweg beginnt vor der eigenen Haustür im Alltag.

Nimm dir immer wieder Zeit für ...

Nimm dir Zeit, um zu dir zu kommen,
das schenkt dir einen ruhigen Start.

Nimm dir Zeit, um zu arbeiten,
das ist der Preis des Erfolgs.

Nimm dir Zeit für dich selbst,
das bringt Balance in dein Leben.

Nimm dir Zeit, um zu lesen,
das fördert deine Geisteskraft und Erkenntnis.

Nimm dir Zeit, um zu meditieren,
das öffnet deinen Geist für den Alltag.

Nimm dir Zeit für die Stille,
sie ist eine Energiequelle im Alltag.

Nimm dir Zeit, um zu spielen,
das ist ein Geheimnis,
um kreativer zu werden.

Nimm dir Zeit, um Danke zu sagen,
das ist der Schlüssel, der die Seele öffnet.

Nimm dir Zeit, um freundlich zu sein,
das ist eine Tür zum Glück,
für dich und andere.

Nimm dir Zeit, um zu lieben,
das ist die wahre Lebensfreude.

Peter Müller

6. „Das Leben muss vorwärts gelebt werden“, denn der eigentliche Pilgerweg ist der Alltag des Lebens

Pilgersegen in der Rotunde in Konstanz

Muss ich auch wandern in finsterer Schlucht,
ich fürchte kein Unheil;
denn du bist bei mir,
dein Stock und dein Stab
geben mir Zuversicht

Psalm 23,4

Vom Stab zum Pilgerstab

Die Welt des Pilgerns steckt voller Zeichen, Symbole und Rituale. Bekannt sind Pilgerstab, Pilgerumhang, Hut, Muschel, Schuhe, Pilgertasche, Kalebasse und der Pilgersegen. Doch wann reden wir von einem Symbol? Am Beispiel des Pilgerstabes will ich das kurz zeigen.
Der Pilgerstab ist zunächst ein einfaches Stück Holz. Der Stab als Stütze und Halt für die müden Beine diente vielen Pilgern auch zur Abwehr von wilden Tieren und Räubern. Heute vereinzelt noch gegen streunende Hunde. Ich kann mich darauf stützen, eine Bedrohung abwehren oder andere damit angreifen.
Neben diesen Funktionen wurde im Laufe der Zeit aus dem Stab ein Pilgerstab, ein „Symbol der Pilgerschaft". Schon die frühen christlichen Mönche im 4. Jahrhundert waren mit einem Pilgerstab unterwegs. Nicht nur als nützliche Stütze, sondern auch als Zeichen ihres Unterwegsseins und ihrer Suche nach Gott. Sie lebten, was der Psalm 23,4 preist:

... ich fürchte kein Unheil, denn du bist bei mir, dein Stock und Stab geben mir Zuversicht.

Aus dem Stab der Mönche wurde im 6. Jahrhundert ein Abtstab. Im ältesten Ritus zur Weihe eines Abtes heißt es bei der Überreichung des Stabes: „Empfange den Stab zur Stütze für ein ehrenhaftes Leben." Der Stab ist Stütze und Halt, ein Symbol, aufrecht und aufrichtig durchs Leben zu gehen. Aber auch Zeichen dafür, dass ich auf meinem Pilgerweg und im Alltag Menschen begegne, die meine Stütze und meinen

Halt brauchen und dass es Situationen geben kann, in denen ich selbst auf menschliche Stütze und Halt angewiesen bin.
Im Mittelalter wurde daraus dann ein Pilgerstab. Im ersten Pilgerführer aus dem 12. Jahrhundert wird der Pilgerstab als dritter Fuß des Pilgers bezeichnet. Das weist zunächst auf seine praktische Bedeutung hin, aber auch auf die spirituelle Bedeutung des Stabes für die Pilgernden. Der Pilgerstab wird – wie die Jakobusdarstellung in Konstanz zeigt – beim Aufbruch zur Pilgerwanderung zusammen mit den Pilgertaschen gesegnet und dem Pilger überreicht. Sprachlich angepasst lautet dieser Segen heute:

Nimm diesen Pilgerstab. Er sei dir Stütze und Halt bei allen Beschwernissen auf deinem Weg nach Santiago de Compostela und ein Zeichen deiner Pilgerschaft zu Gott. Achte auf deinem Weg auf die Menschen, die deine Zuwendung und Hilfe brauchen. Mögest du durch die Begleitung Jesu Christi sicher ankommen und voll Freude in deine Heimat zurückkehren.

Damit wird der Pilgerstab zum gesegneten Zeichen für den Pilger, mit dem er aufrecht und aufrichtig seinen Lebensweg gehen kann. Im Symbol des Pilgerstabs sammeln sich viele Erfahrungen meines Lebens. Dich daran zu erinnern – heute oder in den nächsten Tagen – dazu nehme dir Zeit.

➢ Auf welche Menschen, Erfahrungen und Dinge kann ich mich auf meinem Weg und im Alltag wirklich stützen?
➢ Gehe ich mit diesen „menschlichen Stützen“ achtsam und dankbar um?
➢ Was stützt mich in erfolgreichen und schwierigen Situationen und regt mich an, aufrichtig zu leben?

Mein Pilgerstab ist nicht nur irgendein Stab oder stützende Hilfe – auch wenn ich oft aus Sicherheitsgründen mit modernen Teleskopstöcken gehe – sondern auch ein anregendes Symbol, eine Stütze auf meinem inneren Weg zu mir selbst. Der Pilgerstab ist ein „Erinnerungszeichen meines Pilgerns“. Er erinnert mich auch daran, dass ich als Gesegneter unterwegs geschützt bin und dass ich jederzeit mit Gott über mein

Unterwegssein in dieser Welt ins Gespräch kommen darf. Der Kirchenlehrer Augustinus meint:

BEDENKE:

Ein Stück des Lebens liegt hinter dir,
ein anderes Stück hast du noch vor dir.
Wenn du verweilst,
dann nur um dich zu stärken,
aber nicht, um aufzugeben.

Augustinus Aurelius

6.1 Wage neu anzufangen! – Die Muschel zeigt den Weg

Muscheln sind Bilder
eines gesammelten Lebens.
Ihre Muster zeigen:
Falten, Narben, Farben und rufen dir zu:
Sei als Suchender unterwegs
und du wirst leben und wachsen
aus deiner Mitte.

Peter Müller

Eine offene Muschel sein

Gott
lass mich
eine offene Muschel sein:
um zu empfangen
um zu wachsen
um zu teilen
um zu schenken.

Gott
lass mich
zu einer offenen Muschel werden:
für den Pilgerweg meines Lebens,
für meine Mitmenschen im Alltag,
für ihre Zuneigung und Liebe,
für ihre Sorgen, Ängste und Nöte.

Gott
lass mich
als offene Muschel leben:
mit den Erfahrungen meines Weges,
mit Jakobus als Wegbegleiter,
mit deiner befreienden Botschaft,
mit deinem Segen.

Peter Müller

Einstimmung in das erste Wochenthema

Mit der Muschel anfangen

Unsere Lebensgeschichte ist voller Anfänge. Sei es im Kindergarten, in der Schule, im Beruf, in zwischenmenschlichen Beziehungen, der Start in einen Pilgerweg oder die Neugestaltung unseres Lebens nach der Rückkehr vom Pilgern. Alles fordert uns heraus, einen Anfang zu wagen. Das Wort „anfangen" bedeutet: anfassen, anpacken, zugreifen. Das heißt für dich und mich: Unser Leben selbst in die Hand nehmen, es zu gestalten und Verantwortung dafür zu übernehmen.
Neu anzufangen und auf einen „inneren Pilgerweg" zu gehen, dazu lädt uns das Symbol der Muschel in dieser Woche ein. Die Muschel ist ein bekanntes Wegzeichen. Wo auch immer wir als Pilgernde unterwegs sind, wir begegnen ihr am Wegesrand, an Bäumen, Pfeilern, Mauern, an einer Häuserwand, aber auch an und in Kirchen und an Darstellungen des Apostels Jakobus des Älteren. Viele Pilgernde kennen sie als Kammmuschel, die meisten jedoch als „Jakobusmuschel", die den Fuß- und Fahrradpilgern ihren Weg nach Santiago de Compostela zeigt. Die Muschel wird unterwegs zum vertrauten Begleiter. Sie ist jedoch mehr als ein äußeres Wegzeichen, sie ist ein vieldeutiges sprechendes Symbol. Sie zeigt den äußeren Weg und lädt uns ein, innerlich über unser Leben nachzusinnen.

(1) Die Muschel als äußeres Symbol

Die Muschel war schon in der Antike bekannt als ein sprechendes Symbol:

- die Griechen erinnert die Muschel an die Geburt der Göttin Venus
- für Buddhisten ist sie ein Symbol für Wohlergehen und eine glückliche Reise
- für Christen verkörperte sie Wohltat, Schutz und Geborgenheit, Jungfrauengeburt, Grab Jesu, Gottes- und Nächstenliebe
- in der Baukunst verbindet sie Irdisches mit Himmlischem (Barock), Menschliches mit Göttlichem und Oben mit Unten (z. B. im Gewölbebogen)

(2) Die Muschel als Pilgersymbol

Nachdem das Grab des Apostels Jakobus des Älteren und seiner zwei Gefährten (813–829) entdeckt wurde, begann sehr bald die Jakobusverehrung im nordwestlichen Spanien. Aus den regionalen Pilgeranfängen entwickelte sich im Mittelalter und erneut seit etwa 1970 eine europäische Pilgerbewegung. Jakobus der Pilgerpatron und sein Pilgerattribut, die Muschel, gewannen an Bedeutung. Warum gerade die Muschel? Wie so oft in Santiago beruht vieles auf Legenden, so auch die Legende von der „Jakobusmuschel“:

Ein Ritter von hoher Geburt war in der Nähe von Padrón, der Anlegestelle des Schiffs, das den hl. Jakobus nach Spanien brachte. Als sein Pferd den wundersamen, hellen Schein sah, der von einem Stern herab auf den Apostel fiel, war es von dem Anblick so verstört, dass es in das Wasser sprang und den Ritter mit sich in die Tiefe riss. Der Ritter rief den heiligen Jakobus an. Das Pferd konnte sich über Wasser halten und mit dem Reiter ans Ufer schwimmen. Als sie aus dem Wasser stiegen, waren ihre Körper von Muscheln bedeckt.

Was bedeutet die Muschel als Pilgerzeichen im Mittelalter und weitgehend noch heute?

Sie ist für Pilgernde:

➢ ein praktisches Schöpf- und Trinkgefäß
➢ ein Zeichen für einfaches Leben
➢ das sichtbare Zeichen einer erfolgreich beendeten Pilgerreise nach Santiago de Compostela
➢ ein Schutzzeichen auf dem Weg zurück in ihre Heimat
➢ die symbolische Bestätigung einer Pilgerreise für die Menschen daheim

(3) Die Muschel als spirituelles Symbol

Pilgernde, die heute auf Jakobuswegen unterwegs sind, orientieren sich am Zeichen der Muschel als Wegzeichen. Doch die Muschel ist mehr als ein äußeres Zeichen, sie ist ein sprechendes Symbol. Sie zeigt uns die äußere Wegrichtung an und sie lädt dazu ein, über unser inneres

Unterwegssein und Leben nachzusinnen. Die Impulse für deinen inneren Pilgerweg wollen dich anregen täglich einen Schritt zu gehen.

„Das Gestern ist vorbei,
das Morgen steht noch vor der Tür,
das, was heute kommt, ist ein Geschenk.
Mein Pilgerweg geht weiter."
Unbekannte Pilgerin

Impulse für die erste Woche

Das tägliche Wochenritual

Heute beginnt dein innerer Pilgerweg. Die Muschel begleitet dich. Mach dich auf den Weg!
Lass los: Gewohnheiten, Zweifel und Sorgen.
Nimm mit: Hoffnung, Mut, Gottvertrauen und Stehvermögen. Nimm dir Zeit für dich. Wage es, dir möglichst jeden Tag – am besten jeden Morgen – eine stille Zeit für dich zu nehmen. Dazu folgende Anregung:

Das Geheimnis des Atems
Atem ist Leben. Dieses Geheimnis des Atems erzählt die biblische Schöpfungserzählung: Gott formte den Menschen „und blies in seine Nase den Lebensatem. So wurde der Mensch zu einem lebendigen Wesen" (Gen 2,7). Der Atem ist ein göttliches Geschenk an die Menschen.

- ➢ Ich nehme mir in dieser Woche täglich am Morgen zunächst 15 Minuten, später 20 Minuten Zeit für mich. Zunächst öffne ich ein Fenster oder gehe auf den Balkon oder in den Garten. Ich atme die frische Luft ca. 5 Minuten ein und aus und spüre der Luft in meinem Körper nach.
- ➢ Danach setze ich mich aufrecht auf einen Stuhl, schließe die Augen und richte meine Aufmerksamkeit auf meinen Atem. Nach einigen Atemzügen beobachte ich, wie die Atemluft durch meinen Körper zieht: in den Kopf, die Arme, Hände. Bei jedem Ein- und Ausatmen

achte ich darauf. Und wenn meine Gedanken mich ablenken, kehre ich einfach zurück zu meinem Atem und konzentriere mich erneut auf ihn. Das mache ich mehrmals und achte darauf, wie sich meine Hände, Arme und Körper fühlen. Nach etwa 15 Minuten danke ich für diese Erfahrung und beende diese Übung.

- Ich wiederhole in dieser Woche täglich diese Übung. Du kannst nach wenigen Tagen die Übung auf ca. 20 Minuten erweitern.

Atempause – Tagesimpulse zur Auswahl

(A) Die Muschel – ein Original, keine Kopie

Nimm eine Pilgermuschel – vielleicht die, mit der du auf dem Weg warst – in die Hand, setze dich auf einen Stuhl, schließe deine Augen, achte auf deinen Atem. Betaste die Muschel und lasse dazu deine Gedanken und Erinnerungen kommen. Nach einigen Minuten lese den folgenden Text:

Die Muschel erinnert mich: „Auch ich bin einmalig!" Kein Mensch ist die Kopie eines anderen. Die biblische Botschaft von der Erschaffung und Entwicklung des Menschen ruft mir zu: Du bist einmalig und einzigartig, du bist keine Kopie. Du bist ein Original. Gott verliert keinen Menschen aus dem Blick, aber er schenkt ihm Fähigkeiten und die Freiheit, seine Originalität zu entfalten und zu leben. Doch es ist in unserem gesellschaftlichen Alltag nicht einfach, ein „Original" zu werden. Wir stoßen dabei oft auf Widerstände. Auch unsere Erfahrungen zeigen: Ganz ohne Anpassung wird es nicht gehen.

Was will die Muschel mir sagen? Ich wähle eine Frage aus und suche eine Antwort:

- Ich bin einzigartig – woran spüre ich das in meinem Leben?
- Es ist nicht immer leicht, die Balance zwischen Anpassung und Originalität zu finden. Wo gelingt mir das, wo nicht?
- Was tue ich, um nicht zur Kopie anderer zu werden, sondern als Original zu leben?

(B) Harte Schale, weicher Kern

Nimm deine Muschel in die Hand, betaste sie, schließe deine Augen und achte auf deinen Atem. Nach ca. 5 bis 10 Minuten lese folgenden Text:

Muscheln sind Weichtiere. Sie schützen sich durch eine harte äußere Schale. Das gilt auch für die Jakobusmuschel. Unter harter Schale steckt verborgen und geborgen ein weicher Kern, den sie schützt und nährt. Dieses Bild verwenden wir öfter auch, um einen Menschen zu charakterisieren und wollen damit sagen: Unter seiner harten Schale steckt ein weicher Kern, denn er ist nicht nur hart, er kann auch sehr weich und einfühlsam sein. Er will, wie die Muschel, durch seine harte Schale seinen weichen Kern schützen.

„Harte Schale, weicher Kern" – gilt das nicht auch für uns alle? Jeder hat harte und weiche Anteile in sich. In unserem Denken und Handeln, in Begegnungen und alltäglichen Situationen werden sie sichtbar. Sie sind uns aber selten bewusst. Was will die Muschel mir sagen?

- ➢ Welche harten und weichen Anteile habe ich? Welche vernachlässige ich?
- ➢ Was tue ich, um meinen inneren Kern zu schützen?

Jeder Mensch besitzt einen inneren Kern. Anselm Grün nennt ihn „göttliche Quelle", aus der ich Geborgenheit, Vertrauen und Kraft schöpfen kann. Ich bin herausgefordert, diese Kraftquelle immer wieder zu reinigen, zu pflegen, aus ihr zu leben und dafür zu danken.

(C) Muschel – der Weg nach innen

Harte Schale und weicher Kern.
Das Muschelhaus schenkt Geborgenheit.
Es hat zwei Seiten:
innen und außen,
das Sichtbare und das Unsichtbare.

Der Wesenskern ist verborgen.
Das Eigentliche ist für die Augen unsichtbar.
Wer es erkunden will,
muss den Eintritt wagen.
Ich will den Weg nach innen gehen,
zu dir, zu mir,
zur Mitte.

Uwe Wolff, Die Weisheit der Muschel

Das Leben ist eine Reise
und am Ende zählt nicht das,
was wir geschaffen haben,
sondern das, was wir geworden sind.

Robin Sharma

Abendimpuls – Den Tag gut beenden

Nimm dir Zeit für dich, atme einige Male tief durch, entspanne und frage dich:

- Was war heute schwierig, was hat mich gestört oder ist mir misslungen?
- Was hat mich heute bewegt? Was ist mir gelungen? Wofür bin ich dankbar?

Gebet zum Tagesschluss

Gott
Am Ende dieses Tages
schaue ich zurück
und lasse Unerledigtes
und Misslungenes los

Für alles Gelungene
für gute Begegnungen und Gespräche
für alles was mich erfreute und ermutigte
bin ich dankbar

Jetzt will ich in die Stille eintauchen
meine Seele ruhen lassen
mich der Nacht übergeben
getragen vom Vertrauen
gesegnet zu sein
für einen neuen Morgen
Peter Müller

6.2 Wochenthema: Nimm dir Zeit für dich – erlebe erfüllte Zeit!

Die Stundenuhr am Uhrenturm der Kathedrale von Santiago de Compostela. Bekannt auch als Berenguela-Turm, erbaut im 14. Jahrhundert.

Wer immer nur darauf wartet,
dass sich die Zeiten ändern,
verpasst den Zeitpunkt,
sich zu verändern.

Klaus Huber

Auf meine Sinne achten

*Heute bewusst
wieder langsamer gehen
mich der Hektik entziehen
wohin mein Weg mich führt.*

*Ab und zu anhalten
stehen oder sitzen
auf meinen Atem achten
innehalten, ruhig werden.*

*Wahrnehmen
was ich sehe und spüre
was ich höre und vernehme
was ich rieche und schmecke
was mich freut oder stört.*

*Annehmen, was und wie es ist
ein Augenblick der Stille
die Wahrnehmung meiner Sinne
meine Gedanken und Gefühle
die Bilder meiner Seele.*

*Einfach da sein
achtsam wahrnehmen
störendes loslassen.*

Peter Müller

Einstimmung in das zweite Wochenthema

Zeit nehmen, Zeit haben!

Die Stundenuhr auf dem Uhrenturm der Kathedrale in Santiago de Compostela aus dem 14. Jahrhundert zeigt nur die ganzen Stunden an. Das genügte den Menschen damals. Mich erinnert die Stundenuhr, die auf S. 76 zu sehen ist, an die Frage: Was ist die Zeit?

Schon im 5. Jahrhundert, antwortete der Kirchenvater Augustinus auf diese Frage: „Wenn mich niemand danach fragt, weiß ich es; will ich einem Fragenden es erklären, weiß ich es nicht". Und der Schriftsteller Thomas Mann antwortete in seinem Buch Der Zauberberg viele Jahrhunderte später: „Die Zeit ist ein Geheimnis – wesenlos und allmächtig".

Was ist also die Zeit? Ich lebe in einer bestimmten Zeitspanne und kenne viele ihrer Geheimnisse nicht. Die „Zeit" ist aber mein Leben. Denn von Beginn bis zum Ende meines Lebens kommt es nicht darauf an, wie viele Stunden ich am Arbeitsplatz, im Büro oder auf Reisen verbracht habe. Wichtig ist „die Qualität der Zeit, also das, was für ein gutes Leben Bedeutung hat: Zeit für uns, Zeit für andere, Zeit miteinander" (Anselm Grün).

Ich erinnere mich an den Roman *Momo* von Michael Ende: Geheimnisvolle graue Herren schleichen sich in das Leben der Menschen ein und bedrängen sie, ihre Zeit zu sparen. Fast alle lassen sich von diesen Betrügern täuschen und bemerken nicht, wie ihnen ihre Zeit gestohlen wird. Nur manche fühlen, dass ihr Leben immer hektischer und freudloser wird. Je mehr Zeit sie sparen, umso mehr spüren sie, dass die Menschen sich immer fremder werden. Sie haben keine Zeit mehr füreinander. Zusammen mit Meister Hora, dem Verwalter der Zeit, gelingt es Momo, den Zeitdieben das Handwerk zu legen.

Leider existieren diese Zeitdiebe auch in unserem Alltag. Wir kennen sie: Zeit ist knapp. Zeit muss gespart werden. Zeit ist Geld. Doch meine Zeitdiebe treiben ihr Unwesen viel raffinierter. Da jagt mir einer Angst ein, ich könnte etwas versäumen und er treibt mich von Termin zu Termin. Ein Zweiter lockt mich, indem er mir nahelegt, dass nur ich kompetent sei für diese Aufgabe und streichelt damit mein Streben nach Anerkennung. Ein Dritter flüstert mir zu, dass es die wichtigste Chris-

tenpflicht sei, dem Nächsten immer zu helfen und für ihn da zu sein und verspricht mir himmlische Belohnung. Er unterschlägt dabei, dass es heißt: „Du sollst deinen Nächsten lieben, *wie dich selbst.*" Ein Vierter ist begeistert von meinem ehrenamtlichen Engagement und lädt mir immer neue Aufgaben auf, für die ich der „richtige Mann sei". So gerate ich – ohne dass ich es bemerke – in ein Hamsterrad.
Zeitdiebe arbeiten unauffällig und lautlos. Sie hinterlassen Spuren in meinem Leben, die ich in vielen alltäglichen Redewendungen entdecke: Ich *verliere Zeit,* wenn ich irgendwo warten muss; ich möchte *verlorene Zeit* wettmachen; ich sage: Der oder die hat mir meine *Zeit gestohlen*; ich ärgere mich, wenn Leute die *vereinbarte Zeit* nicht einhalten oder *Zeit verschwenden* oder sie *totschlagen.* Redewendungen tun so, als wäre die Zeit ein Ding, das man so handhaben kann wie einen Gegenstand. Dem steht die Realität gegenüber: Solange ich lebe, habe ich täglich 24 Stunden Zeit, Tag für Tag, nicht mehr und nicht weniger. Der Knackpunkt liegt darin, dass jeder Mensch nur eine bestimmte Lebenszeit hat und wie er seine und ich meine geschenkte Lebenszeit gestalte, nutze und lebe.
Unser Alltag wird durch die Zeit gemessen, strukturiert und geordnet. Kommen wir damit nicht zurecht, dann müssen wir lernen, wie wir „verlorene" Zeiten vermeiden, Zeitdiebe ausschalten oder Zeit „gewinnen". Doch auch durch solche Maßnahmen lässt sich die Zeit nur sehr begrenzt bändigen. Stattdessen müssen wir auf sehr zentrale Fragen eine Antwort finden: Nutze ich meine Zeit sinnvoll? Lebe ich mein Leben oder werde ich gelebt?

Die Zeit ist kurz.
Oh Mensch, sei weise
und wuchere mit dem Augenblick.
Nur einmal machst du diese Reise,
lass eine Segensspur zurück.

Auf der Sonnenuhr des Benediktinerklosters Beuron

Impulse für die zweite Woche

Das tägliche Wochenritual

Vorstellungsbild „Ich bin ruhig"

1. Phase: Ich setze mich auf einen bequemen Stuhl oder lege mich auf eine Matte.
Dann richte ich meine Aufmerksamkeit auf...

- meinen Atem: Ich atme ein und aus
- dann auf die Körperteile, mit denen ich auf dem Boden aufliege oder auf dem Stuhl sitze
- dann schreibe ich das Wort „Ruhe" in Gedanken auf eine weiße Wand und lasse mir einige passende Worte dazu einfallen, z. B. gelassen, konzentriert, still sein, zufrieden sein, ... und lasse mir Zeit, ich atme ein und aus ... dann richte ich meine Aufmerksamkeit auf die nächste Phase.

2. Phase: Ich gehe nun gedanklich durch meine Körperteile und beginne mit meinem Gesicht:

- Ich richte die Aufmerksamkeit auf mein Gesicht. Während ich ruhig ein- und ausatme spüre ich wie mein Gesicht und mein Kopf wärmer und wärmer werden. Ich spüre, wie Ruhe sich ausbreitet, meine Gedanken, mein Kopf werden ruhiger und ruhiger.
- In gleicher Weise mache ich weiter: Ich atme ein und aus und richte meine Aufmerksamkeit auf meinen oberen rechten Arm. Ich wandere in Gedanken von der Schulter bis in die Fingerspitzen, nehme die Wärme und Ruhe wahr.
- Dann wandere ich achtsam mit meinen Gedanken durch den linken Arm bis hin zur Hand, in meinen Brust- und Bauchraum, über den Rücken, die Wirbelsäule und die Beine.
- Anschließend stelle ich mir vor: Mein ganzer Körper wird warm und immer wärmer. Ruhe strömt durch meinen ganzen Körper: von oben nach unten, von unten nach oben. Ich bin ganz ruhig. Ich

genieße die Ruhe, und erinnere mich an das eine oder andere Wort, das ich in Gedanken um das Wort „Ruhe" geschrieben habe.

➢ Zum Abschluss danke ich für diese Ruheerfahrung und beende meine Übung.

Ergänzende Entspannungsmöglichkeit:
Du kannst diese Übung später etwas erweitern. Nachdem du den Weg durch alle Körperteile gegangen bist und die Wärme gespürt hast, kannst du dir eine Affirmation wählen und sie dir ca. fünf Minuten zusprechen.

Ich atme ein und sage zu mir selbst: *„In der Ruhe..."* und atme aus und spreche zu mir *„...wächst meine Kraft"*.

ODER

„In der Ruhe" ... „bin ich ganz gelassen".
„Ich bin ruhig" ... „und zufrieden".
„Mein Weg entsteht" ... „wenn ich ihn gehe".

Am Ende schließe ich mit einem Dank oder einem Ritual ab.

Atempause – Tagesimpulse zur Auswahl

(A) Entschleunigen – das Tempo herausnehmen

Unsere Zeit ist schnelllebig. Immer mehr soll in immer kürzerer Zeit erledigt, geleistet und erreicht werden – im Sport, in der Wirtschaft, im Verkehr, beim Essen. Doch etwas schnell zu tun, heißt noch lange nicht, das Richtige zu tun. Zur Erinnerung eine oft variierte Erzählung:

Ein Schweizer Forscher war mit seinen Lastenträgern aus dem Volk der Sherpa im Himalaya unterwegs. Nach einer langen und anstrengenden Teilstrecke legte er eine Pause ein. Doch nach wenigen Minuten rief er wieder zum Weitergehen auf. Die Sherpas weigerten sich und blieben sitzen. Verärgert fragte der Forscher: „Was ist los? Warum geht ihr nicht?" Da antwortete einer: „Ihr habt die Uhr, wir haben Zeit. Unsere Seele ist noch unterwegs, sie braucht Zeit."

Eine beschleunigte Lebensweise ist häufig ein Zeichen für mein schwaches Vertrauen. Ich will vieles schneller und immer mehr, um möglichst viel zu erleben, andere wollen auf alle Eventualitäten vorbereitet sein. Doch „wer vertraut, wird nichts beschleunigen wollen“ (Jesaja 28,16). Er kann geduldig warten und gelassen zulassen. Wer das nicht kann, wird von Angst oder Zorn getrieben und kommt selten an.
Es tut gut zu entschleunigen, d. h. anzuhalten, mein Tempo zu reduzieren, mir Zeit zu lassen. Wo und wann beginne ich heute damit?

(B) Gönne dich dir selbst!

Gönne dich dir selbst! Ich sage nicht: Tu das immer, ich sage nicht: Tu das oft, aber ich sage: Tu das immer wieder!

Die Aufforderung findet sich in einem Brief von Bernhard von Clairvaux (1090–1153) an seinen ehemaligen Schüler Papst Eugen III (1088–1153).
Gerne kannst du seine Anregungen nochmals nachlesen und darüber nachdenken: Was könnte das für dich bedeuten? Was hindert dich im Alltag daran?

Es genügt nicht,
einen Entschluss zu fassen.
Nur durch Selbstüberwindung
gelangt man ans Ziel.
Vinzenz von Paul

(C) Im Hier und Jetzt bewusster leben
In dem Buch *5 Dinge, die Sterbende am meisten bereuen* erzählt die Krankenschwester Bronnie Ware von ihren Erfahrungen aus der Begleitung todkranker Menschen. Sie sprach mit ihnen über die Dinge, die sie rückblickend gerne anders gemacht hätten. Hier sind die häufigsten Antworten:

Ich wünschte mir,

- ich hätte den Mut gehabt, mein eigenes Leben zu leben
- ich hätte nicht so viel gearbeitet
- ich hätte den Mut gehabt, meine Gefühle auszudrücken
- ich hätte den Kontakt zu meinen Freunden und Freundinnen aufrechterhalten
- ich hätte mir erlaubt, glücklicher zu sein

Diese elementaren Wünsche wecken in mir die Frage: Was sollte ich jetzt in meinem Leben beachten und ändern, damit ich später sagen kann „Ich bin dankbar dafür, dass ich so mutig war, mein eigenes Leben zu leben“, „Ich bin dankbar dafür, dass ...?“

Wir haben vergessen,
dass unsere einzige Zeit das Leben ist,
dass wir jeden Tag leben und
dass wir zu jeder Stunde des Tages
unser wahres Ziel erreichen
wenn wir mit
Verstand, Gefühl und Sinn leben.

Quelle unbekannt

(D) Weisheitsspruch

Lasse dich in diesen Tagen immer wieder von diesem Weisheitsspruch begleiten.

Es ist nicht zu wenig Zeit, die wir haben,
es ist zu viel Zeit, die wir nicht nutzen.

Seneca

In einer Pause, wenn du von einer zur anderen Aufgabe wechselst oder auf dem Weg zum Arbeitsplatz oder nach Hause, frage dich: Was kann der Spruch mir heute sagen? Regt er mich an, meine Zeit achtsam zu organisieren?

Abendimpuls – Den Tag gut beenden

Um Abstand vom Tagesgeschehen zu gewinnen, ist es hilfreich, sich bewusst vom Tag zu verabschieden. Ein persönliches Ritual erleichtert den Übergang, z. B. in Ruhe eine Tasse Tee trinken, etwas Musik hören, einen besinnlichen Text lesen, den Tag zu überdenken und mit einem Gebet abzuschließen:

- ➢ Was hat mich heute bewegt?
- ➢ Was möchte ich loslassen?
- ➢ Was war schwierig, was ist mir gelungen?
- ➢ Wofür bin ich dankbar?

Gebet

In den Tag geschaut
gesammelt, was gelungen ist
Fehler und Schwächen erkannt
und sie losgelassen

ruhig sein
verzeihen
dankbar
still sein

den Tag
der Nacht übergeben
damit die Hoffnung ruhen
und mich für morgen stärken kann

Peter Müller

6.3 Wochenthema: Achtsam durch den Tag – Gefühle und Sinne

Ich wollte
man finge damit an
sich selbst zu achten.
Alles andere folgt daraus.

Friedrich Nietzsche

Achtsam sein, mitten im Leben

Achtsam sein
mitten im alltäglichen Leben?

Wie soll das gehen?
Soll ich Orte der Ruhe aufsuchen
auf die Berggipfel steigen?

Soll ich die Stille am See suchen
mich an einen Baum lehnen
seine Nähe und Lebenskraft spüren?

Soll ich achtsam sein im Büro, beim Meeting
im Trubel von Schule, Kindergarten
oder im Straßenverkehr?

Ja, ich will Achtsamkeit lernen und üben
nicht auf einer großen Straßenkreuzung
aber mitten im Alltag.

Ich will bei mir selbst anfangen
innehalten, wach sein, achtsam atmen
ganz im Hier und Jetzt.

Achtsam mitten im Alltag
täglich Schritt für Schritt
voll mit der Zuversicht, es gelingt.

Sei gesegnet
achtsam zu leben
mitten im Alltag.

Peter Müller

Einstimmung in das dritte Wochenthema

Mit Gedanken und Gefühlen achtsam durch den Tag

Immer wenn ich einige Tage oder länger auf Pilgerwegen unterwegs bin, ändern sich meine Sinneswahrnehmungen. Anders als im Alltag – ohne es mir vorzunehmen – werden meine Sinne aufmerksamer. Ich achte bewusster auf meine nähere und weitere Umgebung. Ich staune über eine blühende Wiese, ich bewundere Blumen am Wegesrand, entdecke Lebensringe eines gefällten Baumes, höre das Plätschern eines Baches, ...

Meine Sinne werden Tag für Tag aufmerksamer für das, was mir begegnet. Ist das Achtsamkeit? Eine Antwort gibt Rumi in dem Text: „*Achte auf diesen Tag*".

Achte gut auf diesen Tag, denn er ist das Leben, das Leben allen Lebens.
In seinem Ablauf liegt alle Wirklichkeit und Wahrheit des Daseins, die Wonne des Wachsens, die Größe der Tat, die Herrlichkeit der Kraft.
Denn das Gestern ist nichts als ein Traum und das Morgen nichts als eine Vision.
Das Heute jedoch – recht gelebt – macht jedes Gestern zu einem Traum voller Hoffnung. Darum achte gut auf deinen Tag.

Was also ist Achtsamkeit? In den Weltreligionen gilt die Achtsamkeit als eine besondere Lebenshaltung, die sich auszeichnet durch verantwortlichen Umgang mit mir selbst, mit anderen Menschen, mit Dingen und mit aktuellen Momenten und Augenblicken. Dabei sollten wir jedoch beachten: Achtsamkeit ist mehr als Aufmerksamkeit. Letzteres bedeutet, dass ich mit meinen Sinnen – sehen, hören, riechen, schmecken, tasten – verschiedene Dinge äußerlich wahrnehme. Achtsamkeit ist jedoch mehr als etwas äußerlich wahrzunehmen, mehr als „nur" zu erkennen, was äußerlich erkennbar ist. Die äußere Wahrnehmung ist wichtig, sie muss jedoch nach innen geführt werden, um zu erkennen, was sie in mir auslöst. Nur dann kann ich spüren, wie es mir gerade geht, was mir guttut, was mir hilft, was mich stört, was ich gerade benötige und wie ich damit umgehen kann oder ob ich ganz andere Wege gehen will. Achtsamkeit bedeutet, sich seiner selbst bewusst zu werden. Sie ermöglicht eine Geistes- und Bewusstseinsschulung, die mir hilft, mein Leben zu erkennen und bewusster zu gestalten.

Der eigene Wächter sein

Erkenne dich selbst! Diese Aufforderung ist bekannt. Doch wie erkennt man sich selbst? Aurelius Augustinus (354–430) meint kurz: „Betrachte dich selbst!“ Dazu brauchen wir ausgewogene Nähe und Distanz zu uns selbst. Ich muss mich daher fragen: „Was geht in dem Menschen vor, der ich bin?“ Dazu eine Geschichte:

Ein jüdischer Meister setzte sich spät am Abend immer an einen Fluss, um zu meditieren. Nach einer Weile stand er auf und kehrte nach Hause zurück. Sein Weg führte an einem Herrschaftshaus vorbei, vor dem ein Wachposten stand. Der Wächter wunderte sich, was dieser Mann trieb. Einige Male folgte er ihm bis zum Fluss, doch er konnte nichts feststellen. Schließlich wagte er es, ihn direkt zu fragen: „Ich sehe Sie oft zum Fluss gehen. Ich bin Ihnen auch schon gefolgt. Aber ich verstehe nicht, was Sie dort suchen. Sie tun nichts, sitzen nur am Wasser und kehren zurück?“
„Ich weiß, dass Sie mir schon oft gefolgt sind“, antwortete der Meister, „denn die Nacht ist still und ich konnte Ihre Schritte hören. Auch habe ich Sie schon oft vor dem Tor dieses großen Hauses gesehen. Was machen Sie eigentlich?“ „Oh, ganz einfach: Ich bin ein Wächter.“ „Welch ein Zufall“, rief der Meister, „auch ich bin ein Wächter.“
„Aber wenn Sie ein Wächter sind, dann müssten Sie doch etwas bewachen, ein Haus, einen Palast oder Park. Aber ich sehe Sie nur am Fluss sitzen …“. Der Meister antwortete: „Der Unterschied zwischen uns ist klein: Sie bewachen ein Haus, ich bewache mich selbst. Sie beobachten, was sich rund um dieses Haus tut, ich beobachte, was in mir vorgeht.“ „Seltsam“, meinte der Wächter, „und wer bezahlt Sie dafür?“ Der Meister antwortete: „Mein Lohn ist eine innere Ruhe und Gelassenheit, die durch kein Geld dieser Welt aufgewogen werden kann.“

Nach Lorenz Marti, Wie schnürt ein Mystiker seinen Schuh?, bearbeitet von Peter Müller

Achtsamkeit heißt „voll im Augenblick“ zu sein und mich mit meiner äußeren und inneren Erfahrungswelt zu verbinden. Achtsamkeit kann jeder lernen. Dazu findest du hier in diesem Buch Anregungen und Übungen.

Impulse für die dritte Woche

Das tägliche Wochenritual

Achte auf diesen Tag!

BEWEGEN: Ich nehme mir Zeit zu einer kurzen Morgengymnastik, um mit einfachen Übungen wach und aufmerksamer zu werden.

- Bei offenem Fenster, auf dem Balkon oder im Garten atme ich mehrmals tief frische Luft ein und verbrauchte Luft aus.
- Ich schüttle, lockere, dehne, kreise und strecke mich, zunächst Arme, Hände, Schultern, Hüften und schließlich die Füße.
- Ich stehe aufrecht, atme ein und aus, balle meine Fäuste, kralle meine Zehen und spanne sie an. Ich atme aus, öffne die Faust und die Zehen, lasse los und spüre, wie Anspannungen weichen (drei bis fünf Mal).

INNEHALTEN: Ich suche einen Ort, an dem ich stehen oder mich auf einen Stuhl setzen kann. Ich schließe meine Augen und schweige. Dann achte ich auf mein Ein- und Ausatmen durch die Nase. Nach ca. 10 Minuten, sage ich beim Einatmen in Gedanken zu mir: „Dieser Morgen ...“ Bei jedem Ausatmen sage ich: „... schenkt mir Energie.“

SCHAUEN: Ich bleibe noch stehen oder sitzen und frage mich: Was könnte und will ich heute Gutes tun? Zum Beispiel: ein Lächeln, ein Lob, eine Aufgabe delegieren, ein Spaziergang im Park ...

HANDELN: Ich notiere mir Möglichkeiten, heute Gutes zu tun. Am Ende des Tages frage ich mich: Was habe ich Gutes getan?

Atempause – Tagesimpulse zur Auswahl

Pause – das heißt, es ist Zeit anzuhalten, innezuhalten, um sich zu erholen, um neue Kräfte zu tanken. Das wissen wir alle und doch arbeiten wir zunehmend verkrampft weiter. Pausen sind Chancen den hektischen Alltag zu unterbrechen, nur muss ich den Mut haben, diese Chance zu ergreifen.

(A) Einfach achtsam durchatmen

Ich stehe auf, lockere kurz meine Hände, Arme, Beine und Füße. Suche einen Ort an dem ich aufrecht sitzen oder ruhig stehen kann, halte inne, schließe die Augen und konzentriere mich auf meinen Atem. Ich atme mehrmals ein und aus. Wenn Gedanken kommen, dann bewerte ich sie nicht, lasse sie ziehen und kehre zu meinem Atem zurück. Dann nehme zwei bis drei tiefe Atemzüge und beende die Übung.

(B) Gehen und meditieren

Statt am Morgen oder zu einer anderen Tageszeit zu joggen, gehe ich heute schweigend 30 Minuten. Dazu wähle ich mir eine Waldstrecke aus. Falls ich am Morgen nicht kann, nehme ich mir am Wochenende oder am frühen Abend Zeit dafür.

- ➢ Ich lockere mich mit einigen Bewegungsübungen und atme fünf bis acht Mal tief ein und aus.
- ➢ Dann gehe ich langsam die ersten Schritte und achte auf mein Aus- und Einatmen. Mein Atem kommt und ich achte auf meine Bewegungen. Wie setze ich meine Füße auf, wie rolle ich sie ab? Gehe ich aufrecht, leicht gebeugt, locker, schnelles, langsames, mittleres Tempo? Welchen Untergrund spüre ich? Ich finde mein Tempo, meinen Geh-Rhythmus und lasse mich ca. 20 bis 30 Minuten schweigend darauf ein.

Hier kann ich die Übung beenden oder sie mit folgender Variante nochmals 10 bis 20 Minuten weiterführen oder bei anderer Gelegenheit gleich damit starten.

Weiterführende Variante

Ich wähle mir ein „Geh-Wort“, zum Beispiel:

Du schaffst meinen Füßen weiten Raum, damit meine Knöchel nicht wanken.

Psalm 31,9

Warte nicht, bis dir ein anderer den Weg zeigt, beginne bei dir selbst.

Roger Schutz

Ruhe ist für die Seele der Anfang der Reinigung.

Basilius der Große

In diesen Sätzen steckt viel Lebensweisheit. Sie laden mich ein, mein Leben aus neuer Perspektive zu sehen. Ich finde schweigend mit einem dieser Sprüche in mein Gehen hinein, indem ich ihn immer wiederhole, ihn gleichsam „wiederkäue". Ich gehe schweigend, achte auf meine Gedanken und Gefühle. Wenn ich zu sehr abschweife, hole ich mich zu meinem Spruch zurück und frage mich: Was will dieses Wort mir heute sagen? Zum Abschluss atme ich ca. fünf bis sechs Mal tief durch und danke meinen Füßen, Beinen und Gedanken für das gemeinsame Gehen.

(C) Ort der Stille suchen

Immer wieder komme ich bei meinem Gang durch die Stadt, bei Spaziergängen oder beim Tagespilgern an einer Kirche vorbei. Das regt mich an sie zu besuchen.

- Ich öffne die Tür und trete achtsam, wie bei einem Besuch ins Wohnzimmer von Freunden, über die Schwelle vom profanen in den sakralen Raum ein. Die Tür / das Portal schließt sich, meine Augen brauchen Zeit, sich an das Dunkel des Raums zu gewöhnen.
- Nach einer Begrüßung (Verneigung, Kreuzzeichen, ...) bleibe ich ruhig stehen.
- Ich schaue, nehme wahr, staune: Dunkelheit, Licht, Fenster, Bilder, Figuren, Altar, ... Dabei achte ich auf meine Gedanken und Gefühle.
- Ich suche mir einen Platz. Still sitze ich da, achte auf meinen Atem, höre Geräusche, lasse meine Gedanken los, achte auf meine Gefühle. Ich verweile in Stille. Ich bin da und Stille umgibt mich.
- Ich beende die stille Phase und bete. Das heißt ich danke, bitte, lobe, klage mit Worten, die mir einfallen und zu mir passen.
- Wenn ich diese Kirche zum ersten Mal besuche, erkunde ich sie. Ich informiere mich über sie und alles, was mich interessiert.
- Ich verabschiede mich mit einem Ritual (Verneigung, Kreuz-

zeichen, Weihwasser) und trete bewusst über die Schwelle vom sakralen hinaus in den profanen Raum.

Abendimpuls – Den Tag gut beenden

Es fällt mir nicht immer leicht zu schweigen und auf einem inneren Weg in die Stille zu gehen. Erlebnisse, Gedanken und Gefühle bedrängen mich. Als Pilger weiß ich jedoch, wie gut die Stille meiner Seele tut. So ermutigt blicke ich auf diesen Tag zurück und frage mich:

➢ Wie habe ich heute die Zeit(en) erlebt?
➢ Was ist mir heute gut gelungen?
➢ Wofür bin ich heute dankbar?

Gebet zum Abschluss

Ich bin ganz ruhig
ich höre Geräusche
es ist still
es genügt jedoch nicht

Ich lasse los
herumschweifende Gedanken
Sorgen und Ängste
Erwartungen und Hoffnungen
es genügt jedoch nicht
loszulassen

Ich gehe nach Innen
spüre Stille in mir
ich danke für diesen Tag
und lasse mich fallen
in die Stille der Nacht

Peter Müller

6.4 Wochenthema: Einfach leben – unterwegs zum rechten Maß

„Ich habe nicht nur diesen Rucksack dabei", so erzählte mir ein Pilger, „Ich bin von zu Hause auch mit einem ‚seelischen Rucksack' aufgebrochen. Anfangs drückte sein Gewicht, doch nach einiger Zeit konnte ich Lasten abwerfen. Das gelang mir am besten nach einem Gespräch mit einem anderen Pilger oder wenn ich staunend in einer Kathedrale saß oder still in die untergehende Abendsonne schaute. Da wurde mein seelisches Alltagsgepäck leichter. Einiges hoffe ich noch abzulegen, anderes daheim, denn mein Weg geht weiter."

Peter Müller

Ein Hymnus am Morgen

Herr, ich komme zu dir,
dass deine Berührung mich segne,
ehe ich meinen Tag beende
und wenn ich einen neuen beginne.

Lass deine Augen
eine Weile auf meinen ruhen.
Lass mich das Wissen
um deine Freundschaft
mitnehmen in meinen Alltag.

Fülle meine Seele
mit deiner Musik,
mit deinem Frieden,
mit deiner Freude.

Begleite mich
durch den Lärm des Tages
und lass den Sonnenschein
deiner Liebe über mich strahlen.
Herr, lass im Tal meiner Mühen
Früchte reifen in Fülle.

Rabindranath Tagore

Einstimmung in das vierte Wochenthema

EINFACH LEBEN – SUCHE DAS RECHTE MASS

Als echter Philosoph, der er war, glaubte Sokrates, ein weiser Mann würde instinktiv ein einfaches Leben führen. Er selbst pflegte nicht einmal Schuhe zu tragen. Und doch fühlte er sich immer wieder vom Marktplatz angezogen und besuchte ihn oft, um die dort angebotenen Waren zu betrachten. Als einer seiner Freunde ihn fragte, warum er das täte, sagte Sokrates: „Ich gehe gern hin, um festzustellen, wie viele Dinge es gibt, ohne die ich fantastisch auskomme."

Anthony de Mello, Wer bringt das Pferd zum Fliegen. Weisheitsgeschichten

Einfach leben

Einfach leben, was heißt das? In seiner „Orientierung in herausfordernden Zeiten" antwortet Anselm Grün darauf: „Einfaches Leben ist nicht armes Leben. Es meint aber auch nicht den edlen ‚Luxus des Einfachen' ... Einfach leben ist vielmehr die Fähigkeit, sich einfach auf das einzulassen, was gerade ist. Wenn ich mich ganz auf den Augenblick einlasse, dann brauche ich auch nicht viel." Er unterscheidet zwei Aspekte: „Einfachheit ist auf der einen Seite Reduktion von materiellen Ansprüchen, aber auf der anderen Seite auch Intensität des Lebens. Beide gehören zusammen: Die Reduktion führt zur Intensität, und die Intensität ermöglicht es uns, vieles Überflüssige zu lassen und uns mit weniger zufrieden zu geben" (Anselm Grün).
Ein zentraler Weckruf der Corona-Pandemie an uns ist dieser: Ihr habt genug verschwendet, genug angehäuft, genug gerast, genug zerstört. Viele Menschen wurden in der Pandemie nachdenklich, ihr Gewissen rüttelte sie wach. In ihren Köpfen und Herzen wächst der Wunsch, einfacher, besonnener und maßvoller zu leben. Das Interesse an einfachem Leben nimmt zu. Damit auch die Erkenntnis von Martin Heidegger: „Verzicht nimmt nicht. Verzicht gibt. Er gibt die unerschöpfliche Kraft des Einfachen." Die Erfahrung, dass weniger mehr ist, ist ein Ausdruck lebendiger innerer Freiheit. Die erfahre ich aber nur, wenn ich mich darauf einlasse. Dann erlebe ich: Es geht auch mit weniger, es reicht, das ganz Gewöhnliche zu tun, und zu spüren, es geht mir gut.

Weniger ist mehr

Weniger ist mehr – so könnte man die Bemühungen des Sokrates zusammenfassen. Er ging barfuß, er freute sich über die wichtigen Dinge des Lebens und war gleichzeitig dankbar, dass er sie selbst nicht benötigte. Von ihm wird erzählt, dass er sich einfach ernährte und regelmäßig fastete. Er sei ein Meister der Selbstbeherrschung gewesen. Zu seinem Verzicht und einfachen Leben gehörte aber unverzichtbar die Kunst der Besonnenheit, eine Mischung aus Bedacht und Mäßigung, und der Versuch, äußere und innere Balance zu finden. „Weniger ist mehr" ist kein absolutes Maß, sondern eine Annäherung an die soziale, natürliche und geistige Lebensrealität des Menschen.

Discretio – das rechte Maß

Unser Suchen nach innerer Balance ist ein ständiges Bemühen, das rechte Maß zwischen Denken und Handeln zu finden.

Schon der Heilige Benedikt wählte in seiner Ordensregel (6. Jahrhundert) die „discretio", das rechte Maß, als das wichtigste Lebensmotiv für seine Mönche. Benedikt blieb jedoch nicht nur bei Gebets-, Essens- und Fastenzeiten stehen, sondern ging weit darüber hinaus. Er forderte von seinen Mönchen – und lädt auch uns dazu ein – Maß zu halten beim Reden, Arbeiten, Schlafen, Urteilen über andere usw. Das bedeutet für jeden, Verantwortung für sein Handeln zu übernehmen. Das gilt im Kloster und in unserer Überflussgesellschaft. Es ist eine ständige persönliche Herausforderung. Dazu braucht es Zeit, Ruhe, Mut, Geduld und die Bereitschaft zu verzichten, ein Wort, das viele nicht gerne hören.

Wenn ich mich um etwas sorge, mir etwas wünsche oder ablehne, stellen sich mir immer Fragen. Sie zu beantworten, ist nicht immer leicht. Bei jeder Antwortsuche spüre ich immer zwei Pole: Mich am rechten Maß zu orientieren, aber auch das Bedürfnis oder gar die Lust, davon abzuweichen. Wie aber komme ich zu einer Entscheidung? Anselm Grün regt an: „Ich sollte mich fragen, was jetzt für mich stimmig ist." Und er weist auf vier Kriterien hin, die für Mönche zu einem guten Leben gehören: „Führt mich das Gönnen oder der Verzicht zu mehr Lebendigkeit, Freiheit, Frieden und Liebe? Dort, wo wir die vier Kriterien erfüllen, dort liegen wir richtig."

Wenn du aufmerksam und wach bist,
wird dir die Antwort auf dein Tun
in jedem Augenblick offenbar sein.
Rumi

Impulse für die vierte Woche

DAS TÄGLICHE WOCHENRITUAL:

Achtsam bei mir sein

- ➢ Ich suche einen ruhigen Ort und nehme eine angenehme Haltung ein – im Liegen oder Sitzen –, halte die Wirbelsäule gerade, lasse die Schultern hängen.
- ➢ Ich schließe die Augen und richte meine Aufmerksamkeit auf meinen Bauch; lege meine Hände auf und spüre, wie er sich mit jedem Einatmen hebt und mit jedem Ausatmen senkt.
- ➢ Ich bleibe aufmerksam bei meinem Atem und beginne mit einem neuen Atemrhythmus: Ich atme über die Nase ein und zähle dabei in Gedanken bis vier, dann halte ich meinen Atem an und zähle wieder bis vier. Schließlich atme ich durch leicht geöffnete Lippen aus und zähle dabei bis sieben. Diesen Atemrhythmus wiederhole ich fünf Minuten lang. Jedes Mal, wenn ich bemerke, dass sich meine Aufmerksamkeit von diesem Atemrhythmus entfernt, hole ich ihn zurück.
- ➢ Bevor ich diese Übung beende, verlasse ich diesen Atemrhythmus und kehre zu meinem normalen Atemrhythmus zurück. Nach vier bis fünf Atmungen konzentriere ich mich auf meinen normalen Rhythmus. Bei jedem Einatmen sage ich leise zu mir: „Ich nehme mich an ..." Und bei jedem Ausatmen sage ich: „... so wie ich bin". Das wiederhole ich 10 bis 15 Minuten. Danach beende ich diese Übung mit drei tiefen und langen Atemzügen und wiederhole sie in den nächsten Tagen.

(A) Die kleinen Dinge sind wichtig

Alles, was wir täglich routinemäßig tun, will uns in dieser Übung neu herausfordern, Achtsamkeit zu üben und achtsamer durch den Alltag zu gehen. Richte deine Achtsamkeit auf einfache Tätigkeiten, so als würdest du sie das erste Mal tun. Konzentriere dich ganz auf die Schritte, um diese Aufgabe bewusst zu erledigen.

Folgende Möglichkeiten bieten sich an:

- Ziehe dich achtsam an.
- Putze dir achtsam deine Zähne mit deiner dominanten Hand. Dann versuche es auch mit deiner nicht dominanten Hand.
- Sprich deutlich und achtsam.
- Esse und trinke achtsam.
- Fahre dein Auto achtsam.

(B) Mit der Erde verbunden

Manchmal nehme ich während eines Spaziergangs oder auf einem Pilgerweg eine Hand voll Erde von einem umgepflügten Acker. Ich spüre ihre Wärme oder Kälte, ihre Trockenheit oder Feuchtigkeit, betaste und reibe sie mit den Fingern und rieche daran. Da werden Erinnerungen und Gefühle wach: Den Garten umgraben, Kartoffelernte, Zeltlager ... Und mir fällt das biblische Bild der Schöpfungsgeschichte ein: „Da formte Gott, der Herr, den Menschen aus Erde vom Ackerboden“ (Gen 2,7).

Einerseits bin ich durch Gottes Atem ein lebendiger, mit Geist und Fähigkeiten beschenkter Mensch, andererseits bin ich der Erde, dem Humus, entnommen und eingebunden in die Naturgesetze vom Keimen und Wachsen über das Reifen bis zum Vergehen. Diese Erdverbundenheit fordert mich heraus, geistig nicht abzuheben und meine Grenzen anzunehmen. Sie ermutigt mich, demütig, das bedeutet „human – menschlich“, zu leben. Was heißt das für mich im Alltag?

Anregung: Statt einer Hand voll Erde kann ich auch andere, der Jahreszeit gemäße Gegenstände oder Früchte auswählen und damit meditieren.

(C) Impulse für den Tag

Ich lade dich ein, in den nächsten Tagen jeweils einen Spruch auszuwählen und ihn als Tagesimpuls zu meditieren.

Lehre deinen Mund, das zu sprechen, was in deinem Herzen ist.

Abbas Poimen

Gehe ruhig und gelassen durch Lärm und Hektik und denk an den Frieden, den die Stille dir schenkt.

Weisheitsspruch in der Pauls-Kirche, Baltimore

Ich kann die Welt nicht verändern, aber einen einzelnen Menschen: mich selbst.

Karlheinz Böhm

Was sind meine ersten spontanen Gedanken zu einem Spruch? Auf was möchte er mich hinweisen? Könnte dieser Spruch mein Begleiter für den heutigen Tag sein?

(D) Die kostbare Gabe der weisen Frau

Eine weise Frau wanderte in den Bergen und fand dort einen wertvollen Edelstein. Am nächsten Tag traf sie einen hungrigen Wanderer. Sie öffnete ihren Beutel, um mit ihm ihr Essen zu teilen. Der Wanderer erblickte den wunderbaren Edelstein, bewunderte ihn und bat die Frau, ihn ihm zu schenken. Ohne zu zögern, tat sie das. Über sein Glück frohlockend ging der Wanderer weiter. Er wusste, der Edelstein war so wertvoll, um ihm für den Rest seines Lebens Sicherheit und Wohlstand zu bieten. Doch nach einigen Tagen ging er zurück und suchte die Frau. Als er sie gefunden hatte, gab er ihr den Stein zurück und sagte: „Ich habe nachgedacht. Ich weiß, wie wertvoll dieser Stein ist, aber ich gebe ihn dir zurück und hoffe, dass du mir noch etwas viel Kostbareres gibst. Kannst du mir das geben, was dich befähigt hat, mir diesen Edelstein zu schenken?“

Quelle unbekannt

Er habe darüber „nachgedacht“, sagt der Mann. Auch du und ich sind herausgefordert über die Gabe der Frau nachzudenken. Was hat sie befähigt so zu handeln?

Wie zahlreich sind doch die Dinge,
deren ich nicht bedarf.
Sokrates

ABENDIMPULS – DEN TAG GUT BEENDEN

Ich suche mir einen bequemen und ruhigen Ort, an dem ich von der Geschäftigkeit des Tages abschalten und still sein kann. Je nach Jahreszeit zünde ich eine Kerze an, schaue in die Flamme und achte auf meinen Atem.

Nach fünf Minuten Ruhephase blicke ich auf den Tag zurück:

- „Weniger ist mehr" – Wie habe ich das heute erlebt?
- Was ist mir heute gelungen? Was nicht?
- Wofür bin ich heute dankbar?

Gebet zum Abschluss:

Gott
es fällt mir nicht leicht zu schweigen
doch in der Stille am Abend
übergebe ich dir diesen Tag mit

Geräuschen und Lärm
Worten und Gesprächen
Gedanken und Bildern
Gefühlen und Sorgen
Hektik und Langsamkeit
Freude und Erfolg

Ich danke heute
für alles, was ich heute entrümpelt habe
für die stillen Augenblicke
für die leisen Töne
für die Weisheit des Schweigens
Peter Müller

6.5 Wochenthema: Auf Spurensuche – nach Halt und Lebenssinn

*Mit meinem seelischen Alltagsgepäck
bin ich aufgebrochen,
der Camino de Santiago war mein Ziel.
Ich erlebte einen Weg, der mich führte,
eine Wahrheit, die mich befreite,
ein Unterwegssein, um loszulassen,
ein Leben, das mir Sinn schenkte.
Ich kehre zurück
erleichtert, dankbar, gestärkt.*

Erika, Pilgerin

Spurensuche

Mitten im Alltag
bin ich unterwegs
auf meinem Pilgerweg nach innen

Ab heute
täglich für eine gewisse Zeit
Manches stehen und liegen lassen

Ab heute
meiner Sehnsucht
wieder Raum geben

Ab heute
offen und achtsam
anderen begegnen

Ab heute
mich wieder fragen
was ist mir wichtig

Ab heute
Spuren suchen
Neues entdecken

Ab heute
Schwächen annehmen
für Gelungenes danken

Ab heute
am Ende des Tages
alles dir Gott übergeben

Peter Müller

Einstimmung in das fünfte Wochenthema

SINN UND HALT – AUF SPURENSUCHE NACH INNEN

„Ultreia – auf geht's, wir brechen auf zum Pilgern!" So ermutigen sich viele Pilgernde nach dem Pilgersegen zu den ersten Schritten.

„Ultreia – auf geht's, weiter nach Santiago!" So rufen sich die Pilgernden auf Jakobuswegen zu. Sie alle wissen: Keiner kehrt so zurück, wie er aufgebrochen ist.

„Ultreia – auf geht's zu mir selbst!" Der Ruf gilt nicht nur für den äußeren, sondern auch für den inneren persönlichen Pilgerweg.

Der Ursprung dieses Grußes geht zurück auf ein altes Lied aus dem 12. Jahrhundert. Dort heißt es am Ende: „E ultreia e suseia, Deus aia nos. – Auf geht's! Weiter! Gott steh uns bei!"

Spuren suchen, gehen, hinterlassen

Beim Pilgern sah ich immer wieder Fußspuren von Pilgern und Pilgerinnen, die diesen Weg gegangen sind (vgl. Foto Seite 101). Sie haben Spuren hinterlassen. Spuren im feinen Staub, auf weichem Waldboden oder feuchtem Untergrund. Spuren mit verschiedenen Mustern, mit klarem oder abgelaufenem Profil. Was wäre, wenn diese Spuren erzählen könnten?

Hauptstraßen der Sinnsuche

So unvorhersehbar unser Leben auch ist, die Logotherapie wagt die ungeheure Aussage, dass jede Situation eine oder mehrere Sinnmöglichkeiten für uns bereithält. Sinn gewinnt eine Sache, eine Situation nur, wenn sie mir etwas bedeutet, wenn ich in Beziehung zu ihr stehe, sie mir wertvoll ist. Wertvoll kann vieles sein, daher spricht Viktor Frankl, der Erfinder der Logotherapie, von drei Arten von Sinn:

- *Schöpferischer Sinn*, d. h. der Mensch erlebt sein Leben sinnvoll, wenn er für sich und andere kreativ-schöpferisch tätig ist und die Situation mit etwas Wertvollem bereichert, aktiv seine Beziehungen gestaltet, mit seiner Entscheidung und Tat eine Idee, einen

Wert unterstützt und verwirklicht: „Es geht mich etwas an." Daher führt dieser Weg zum Sinn von innen nach außen.

- *Erlebter Sinn,* d. h. der Mensch nimmt das Leben in seiner Vielfalt und Buntheit wahr, ist offen für andere, für Natur, Kunst, Musik, Sport, Wissenschaft und erfährt in den Begegnungen damit Freude, kann sie genießen und während des Erlebens aktiv mitgestalten: „Es spricht mich an." Dieser Weg zum Sinn führt von außen nach innen.
- *Gelebter Sinn,* d. h. das sind die inneren Haltungen (Dankbarkeit, Offenheit, Mut, Treue ...) eines Menschen. Er lebt sie in gelungenen, schwierigen und auch in schicksalsschweren Situationen, zum Beispiel in schwerer Krankheit oder durch den Tod des Partners.

Impulse für die fünfte Woche

Das tägliche Wochenritual

Spuren erzählen

Stelle dir vor: Das Gewitter der Nacht ist vorbei, die Morgensonne bahnt sich ihren Weg und die frische Luft lädt zum Spaziergang im nahen Wald ein. Unterwegs sehe ich vor mir Spuren von Fußgängern auf dem vom Regen aufgeweichten Weg. Ich bin also nicht allein unterwegs. Einige der Fußspuren sind gut erkennbar: individuelle Muster, klare und unterschiedliche Profile, abgetretene Sohlen ... So gehend stelle ich mir die Frage: Was wäre, wenn „Spuren" erzählen könnten? Sie könnten erzählen von den Sorgen und Hoffnungen der Menschen, die vorbeizogen, die einen mit schwerem Rucksack oder inneren Belastungen, andere mit müden Beinen, schmerzenden Blasen, schweigend oder befreiend lachend.

Ich frage mich: Welche Spuren hinterlasse ich im Leben? Was würde ich erzählen, z. B. vom gestrigen Tag oder über eine wichtige Begegnung? Oder über meine Eltern, Freunde, von wichtigen Menschen und besonderen Erlebnissen, von Glück und Grenzen, Sorgen, Erfolgen und Scheitern? Spuren sind prägend und vergänglich, vor allem die, die ich selbst hinterlasse. Welche Spuren aber bleiben? Albert Schweizer war überzeugt:

Das Wichtigste im Leben sind die Spuren der Liebe, die wir hinterlassen.

Du kannst diese Übung auch auf einem Stuhl zu Hause mental durchführen und täglich mit anderen Erinnerungsbereichen meditieren:

- Über eine wichtige Begegnung, ein erfolgreiches Projekt oder Ähnliches nachdenken und mein Handeln bedenken.
- Was verdanke ich meinen Eltern?
- Was ist mir in meiner Partnerbeziehung und / oder Beziehung zu meinen Kindern bzw. Enkeln wichtig? Was sollte ich ändern?

Atempause – Tagesimpulse zur Auswahl

(A) Wurzeln geben Halt

Bäume sind Gedichte, die die Erde in den Himmel schreibt.
Khalil Gibran

Sie werden getragen und ernährt von unsichtbaren Wurzeln. Aus ihnen wächst und nährt sich der Baum. Schon von Beginn an bleiben die Wurzeln tief in der Erde. Im Schutz der Dunkelheit und Stille treiben sie, strecken sich aus, wachsen in die Tiefe, halten sich fest an Steinen und Felsen und verankern den Baum im Boden. Im zurückgezogenen Alleinsein nähren sie sich von der Mutter Erde und entwickeln wachsende, tragende, blühende und fruchtbringende Kräfte. Durch die Wurzeln gewinnt der Baum festen Stand und Halt, durch sie leben Wurzeln und Baum den Rhythmus der Jahreszeiten. Bäume sind Gleichnisse menschlichen Lebens. Auch wir brauchen wachsende und tragende, nährende und Halt gebende „Wurzeln“. Nur wer verwurzelt ist, steht auch im Leben fest, kann sich im Alltag orientieren und weiterentwickeln, hält Hitze und Kälte, den Regen und die Stürme des Lebens aus, blüht auf und trägt Früchte.
Wurzeln brauchen Pflege. Da müssen der Boden gelockert, Wasser und Humus zugeführt werden. Wurzeln brauchen Phasen der Ruhe und Erholung, um neue Kräfte zu sammeln. Gleiches gilt für die Wurzeln meines Lebens. Die Wurzeln eines Baumes sind ein Bild für die Quellen und die Energie, die in mir stecken.

- Setze dich aufrecht auf einen Stuhl, schließe die Augen und achte auf dein Ein- und Ausatmen. Und während du ruhiger und ruhiger wirst, erinnere dich an Wurzeln, denen du schon auf Wanderungen begegnet bist. Lass sie einfach in deinen Gedanken an dir vorüberziehen oder schau das eine oder andere Wurzelgeflecht genauer an.
- Dann frage dich: Aus welchen Wurzeln lebe ich? Das können z. B. sein: Herkunftsfamilie, Freunde, Erzieher, Glaubenserfahrung, prägende Ereignisse ... Was gibt mir Halt und Energie? Pflege ich meine Lebenswurzeln ausreichend? Welche vernachlässige ich in letzter Zeit? Was müsste und will ich für sie tun?
- Notiere deine wichtigsten Gedanken im Tagebuch und beende die Übung.

Wenn der Weg unendlich scheint
und plötzlich nichts mehr geht –
gerade dann
darfst du nicht zaudern.

Dag Hammarskjöld

(B) Biblische Worte – mit „Edelsteinen" auf Sinnsuche

Eine orientalische Geschichte erzählt von einem Mann, der am Meer entlangwanderte und ein Säckchen Steine fand. Während er die Steine durch seine Hand gleiten ließ, beobachtete er gleichzeitig die Möwen, die auf den Wellen spielerisch schaukelten. Darüber freute er sich und warf gedankenlos immer wieder einen Stein nach ihnen, bis er nur noch einen hatte, den er mit nach Hause nahm. Daheim im hellen Licht erkannte er darin einen wertvollen Edelstein. Da half kein Jammern – alle anderen kostbaren Edelsteine hatte er ins Meer geworfen.

Quelle unbekannt, bearbeitet von Peter Müller

Wir begegnen in unserem Leben oft viel Müll aber auch einer Menge kostbarer Edelsteine. Werden wir sie erkennen oder achtlos wegwerfen? Zum Beispiel weil wir ihren Wert für uns und andere nicht erkennen, weil Vorurteile unseren Blick trüben oder wir nur auf den äußeren Schein achten und innere Werte übersehen? Was können wir tun, um die Kostbarkeiten des Lebens rechtzeitig zu erkennen? Im Neuen Testament finde ich zwei Anregungen:

Achtet auf das, was ihr hört!
Mk 4,24

Ich bin eingeladen, genauer auf die vielen Worte um mich herum hinzuhören. Dann werde ich Worte wahrnehmen, die mich trösten oder ermutigen, wertvolle Gedanken, die mir einen Weg zeigen, Anfragen, die mich herausfordern, Bemerkungen, bei denen mir ein Licht aufgeht. Sie kann ich selbst erfahren, aber auch weitergeben.

Seid wachsam! Denn ihr wisst weder den Tag noch die Stunde
Mt 25,13

Das Leben fordert mich ständig auf, wach und achtsam zu sein, um die für mich wertvollen Augenblicke zu erkennen: Zeiten der Stille, der Kreativität, des Betens, des Dankens. Zeiten, in denen ich der Natur, Menschen und Gott begegne und Kraft schöpfe.

(C) *Nach Sinn im Leben suchen*
Ein junger Mann war unterwegs zu einer Einsiedelei. Er wollte den Eremit fragen, wie er den Sinn seines Lebens finden könnte. Die überraschende Antwort für ihn war: „Durch Nichts." Aber er lud ihn ein, mit ihm zu leben. Er genoss einige Tage das karge Leben, die Stille und das Schweigen des Eremiten. Auf seine Frage erhielt er täglich die Antwort: „Nichts." Am achten Tag nahm ihn der Einsiedler in den Arm und sagte: „Dieses Haus habe ich mit eigenen Händen errichtet, Stein auf Stein, Ziegel für Ziegel, doch erst durch das Nichts dazwischen schenkt es uns Heimat. Der Sinn des Lebens besteht nicht in dem, was du hast, sondern durch das, was du loslässt und was nichts ist."
Quelle unbekannt

➢ Was konnte ich in meinem Leben bisher leicht loslassen und was war schwer?

Du bist gesegnet
in deiner Sehnsucht und deinem Suchen
in deinen Zweifeln und Fragen
in deiner Freude und in deinen Grenzen
geh jeden Tag neu deinen inneren Pilgerweg

Peter Müller

ABENDIMPULS – DEN TAG GUT BEENDEN

Ich lese den folgenden Text langsam in Abschnitten, mache dazwischen Pausen und erinnere mich an diesen Tag:

Eine ungewohnte Gebetsform

Am Ende des Tages erinnere ich mich an
Begegnungen und Gespräche,
Zeiten der Arbeit, der Muße und
Augenblicke des Schweigens.

Ich erinnere mich an das,
was ich verpasst, vertan
oder nicht genutzt habe.

Ich erinnere mich an das,
was mich bewegte, störte, ärgerte,
mich nachdenklich oder traurig macht,
was in mir nachklingt und mich ermutigt.

Wofür bin ich heute dankbar?

Gott, du liebst das Leben.
Danke für diesen Tag.
Segne und begleite mich
in dieser Nacht und am kommenden Tag.
Und morgen?
Ein neuer Tag bricht an.
Es ist nie zu spät, neu zu beginnen.
Gestärkt durch den Schlaf
liegt vor mir ein weites Feld
von Möglichkeiten und Herausforderungen.

Peter Müller

6.6 Wochenthema: Vom Loslassen zur engagierten Gelassenheit

Cruz de Ferro, das eiserne Kreuz

Die schwersten Steine sind die,
die man sich selbst in den Weg legt.
Verwende die Steine,
die man dir in den Weg legt,
um dein Fundament zu stärken.

Quelle unbekannt

Gelassenheit

Gelassen der Mensch
der wagt
behutsam in die Hände zu nehmen
was sein Leben bewegt und prägt
Hoffnung
Ärger
Vertrauen
Zweifel
Dankbarkeit
Angst
Zuversicht

Gelassen der Mensch
der alltäglich einübt
wahrzunehmen
was ist
was ansteht
in seinem Wachstumsprozess
Gelassen der Mensch
der im tiefen Ein- und Ausatmen spürt
dass es wohl auf ihn ankommt
doch letztlich nicht von ihm abhängt

Pierre Stutz

Einstimmung in das sechste Wochenthema

LOSLASSEN – DAMIT GELASSEN SEIN GELINGT

Jeder möchte gelassener sein. Doch es fällt oft schwer, Dinge, Menschen und Situationen zunächst so zu nehmen, wie sie sind. „Es ist doch, wie es ist." Warum gelingt uns das so selten? Viele von uns sind geprägt von einem Denken, das gestalten und verändern möchte. Die Finger von etwas zu lassen, wird oft als Schwäche oder Unfähigkeit ausgelegt. Das Tun wird höher bewertet als das Lassen. Aktiv zu handeln, bedeutet produktiv, schnell, anpassungsfähig und erfolgreich zu sein. So notwendig das von Fall zu Fall ist, wird ein bestimmtes Maß dabei überschritten, erleben wir manche Situationen zunehmend als bedrohlich. Wir sind gereizt, ängstlich, ärgerlich, gekränkt oder aggressiv. Es gelingt uns nicht, uns zu distanzieren und loszulassen. Wir kämpfen oft so lange, bis Körper und Seele uns durch eine Krankheit zwingen loszulassen und bestimmte Dinge ruhiger anzugehen. Dazu eine alte Erzählung.

Loslassen können

Zwei Mönche kamen während ihres Pilgerns an die Furt eines Flusses. Am Ufer stand ein wunderschönes Mädchen. Es hatte Angst, den Fluss zu überqueren, da er wegen starker Regenfälle bedrohlich angeschwollen war. Der eine Mönch schaute schnell woanders hin. Der andere hingegen, ohne zu zögern und ohne ein Wort, nahm das Mädchen auf die Arme und trug es durch das Wasser. Am anderen Ufer stellte er das Mädchen behutsam und sicher wieder auf die Füße. Dann pilgerten die beiden Mönche schweigend weiter. Eine halbe Stunde verging, eine ganze Stunde, zwei Stunden vergingen.

Da platzte der Mönch, der allein durch den Fluss gegangen war, los: „Was ist eigentlich in dich gefahren? Weißt du nicht, dass du gegen mehrere Mönchsregeln verstoßen hast? Wie konntest du dieses hübsche Mädchen überhaupt beachten, geschweige sie berühren und ans andere Ufer tragen?"

Der so Beschuldigte erwiderte ruhig: „Bruder, ich habe das Mädchen am Ufer des Flusses zurückgelassen. Trägst du es immer noch?"

Geschichte aus der Zen-Tradition

Die Geschichte hält mir einen Spiegel vor: Manchmal gelingt es mir wie dem einen Mönch, eine schwierige Situation zu erfassen und sie real und emotional abzuschließen. Ich bin zufrieden, entlastet und frei für Neues. Ich kenne aber auch das Verhalten des anderen Mönchs. Ich halte an Vorstellungen oder Personen real oder in Gedanken fest. Mein Denken kreist um sie, ich grüble und verstricke mich in meinen Gedanken und Gefühlen. Das trübt meine Wahrnehmung und verringert meinen Handlungsspielraum. Manchmal will ich auch unbedingt meine Vorstellungen durchsetzen, ich kontrolliere, kritisiere, sorge mich um alles, bin ängstlich oder gereizt. Ich kann nicht loslassen. Ich bin gedanklich und emotional besetzt und nicht mehr offen für naheliegende Lösungen.

Im Loslassen liegt das Geheimnis geduldigen und engagierten Handelns. Gelassenheit ist eine Lebenshaltung, die wir täglich in einfachen Situationen üben sollten.

Impulse für die sechste Woche

Das tägliche Wochenritual

„Gelassen leben“

Gelassenheit braucht Zeit zum Wachsen. Meine eigene Trägheit, zu hohe Erwartungen, äußere Zwänge, festgefahrene Gewohnheiten und Hindernisse treten auf. Doch in jeder Schwäche liegt die Chance, neu zu beginnen.

Ich lockere erst meine Hände, indem ich sie ausschüttle, dann meine Arme, mein rechtes Bein und den Fuß und anschließend mein linkes Bein und den Fuß. Ich setze mich auf einen Stuhl und atme mehrmals ein und aus. Nun richte ich meine Achtsamkeit auf meinen Bauch:

Einatmen: Ich lege die Hände auf den Bauch. Zunächst atme ich aus, dann langsam ein und mein Bauch hebt sich.

Ausatmen: Beim langsamen Ausatmen wird der Bauch wieder flach, das Zwerchfell kehrt in seine Ausgangslage zurück.

Die Hände heben sich bei jedem Einatmen und senken sich bei jedem Ausatmen. Achte nun ca. zehn Minuten auf das Ein- und Ausatmen und das Heben und Senken des Bauches.

Dann lese ich die „10 Gebote der Gelassenheit" von Johannes XXIII. und wähle einen Text aus, der mich durch den Tag begleiten soll. Über meine Erfahrungen damit denke ich am Abend nach. Die Übung wiederhole ich am nächsten Tag mit einem neuen „Gebot der Gelassenheit".

Gebote der Gelassenheit von Papst Johannes XXIII.

LEBEN – Heute bemühe ich mich, den Tag zu erleben, ohne dass ich die Probleme meines Lebens lösen möchte.

SORGFALT – Heute achte ich besonders darauf, andere nicht zu kritisieren oder zu verbessern, nur mich selbst.

GLÜCK – Heute werde ich etwas tun, wozu ich eigentlich keine Lust habe. Aber so, dass keiner es merkt.

REALISMUS – Heute werde ich mich an die Umstände anpassen, ohne zu verlangen, dass sie sich an meine Wünsche anpassen.

LESEN – Heute lese ich 15 bis 30 Minuten eine gute Lektüre. Sie ist meine Seelennahrung.

ÜBERWINDEN – Heute werde ich in der Gewissheit glücklich sein, dass ich für das Glück geschaffen bin.

HANDELN – Heute werde ich eine gute Tat vollbringen und niemandem davon erzählen.

PLANEN – Heute erstelle ich ein Tagesprogramm. Ich hüte mich vor zwei Übeln: Hetze und Unentschlossenheit.

MUT – Heute habe ich keine Angst. Ich freue mich an allem, was schön ist und glaube an die Güte Gottes.

VERTRAUEN – Heute glaube ich, selbst wenn die Umstände das Gegenteil zeigen sollten, dass Gott für mich da ist.

Atempause – Tagesimpuls zur Wahl

(A) Spannungen ausatmen

Ich stehe oder sitze und bin bereit zu einer Atempause. Ich schließe die Augen und konzentriere mich ganz auf das Fließen meines Atems. Ich atme bewusst durch die Nase ein, meine Lunge füllt sich mit Sauerstoff, mein Bauch hebt sich. Dann atme ich über den Mund die verbrauchte Luft wieder langsam aus, wobei ich den Mund so forme, als würde ich ganz leicht blasen. Das heißt ich spüre den Atemstrom als sanfte Brise auf meinen leicht geöffneten Lippen. Zunächst beobachte ich diesen fließenden Luftzug des Atems.

Nach etwa zehn Atemzügen verändere ich meinen Atemrhythmus. Das Ausatmen sollte jetzt doppelt so lang wie das Einatmen dauern. So atme ich wieder ca. zehn Minuten. Sobald ich in diesem Atemrhythmus bin, spreche ich bei jedem Ausatmen innerlich zu mir: „Ich lasse Spannungen los." Dabei kann ich an eine konkrete Spannung denken, z. B. Angst, Ärger, Enttäuschung, ... Wenn ich die Übung beenden will, atme ich zwei bis drei Mal tief ein und lese den Spruch:

Ich wünsche dir die Gelassenheit, Dinge hinzunehmen, die nicht zu ändern sind, den Mut, Dinge zu ändern, die du ändern kannst, und die Weisheit, das eine vom anderen zu unterscheiden.

Friedrich Christoph Oetinger

(B) Mit einem Stein sprechen

Wer als Pilger schon auf dem Camino de Santiago war, erinnert sich auch an den Steinhaufen von Cruz de Ferro, ursprünglich eine Grenzmarkierung der Römer auf ihren Merkur-Bergen. Nach heidnischer Tradition mussten Reisende, die über diesen Pass gingen, einen Stein auf den Hügel werfen. Auch heute folgen noch viele Pilgernde diesem Brauch. Der Stein wird dabei zum Symbol für eine Belastung im Leben, für die Sorgen, Schwierigkeiten oder Bitten und besondere Anliegen. Mancher bringt von daheim einen Stein mit, andere von unterwegs. Viele gehen die letzten drei Kilometer schweigend den Berg hinauf und legen ihren Stein dort als Symbol ihrer Last ab.

Ich kann dieses symbolische Gehen mit einem Stein auch während eines Spaziergangs, z. B. zu einer Kapelle, oder zu Hause auf einem Stuhl sitzend mental vollziehen. Was ich brauche, ist ein Stein, den ich in die Hand nehmen kann. Ich lasse mich von ihm anregen, über mich nachzudenken.

➢ Ich ***ertaste*** ihn und spüre seine Form, Oberfläche, Rundungen, Kanten, Spitzen, Glätte, Härte, … **Und ich?** Wann bin ich rau, aalglatt, abweisend, hart, kantig, verletzend, angepasst, …?
➢ Ich ***umschließe*** ihn mit der Hand und spüre seine Wärme oder Kälte … **Und ich?** Wo wartet Erkaltetes auf meine wärmende Zuwendung, wo erhitzte Gemüter auf Abkühlung und Klärung?
➢ Ich ***schaue*** meinen Stein an, sehe Reste von Erde, Farben und Kratzspuren, Absplitterungen, … **Und ich?** An welche Situationen erinnert er mich? An Freude, Enttäuschung, Streit, Trennung, Versöhnung?
➢ Ich **spüre** sein Gewicht in meiner Hand. Ein Symbol für Belastungen? … **Und ich?** An welche Lasten und Belastungen erinnert er mich? Kann ich sie tragen, ertragen, loslassen, abwerfen? Was kann ich zur Erleichterung beitragen? Ich nehme mir Zeit, mir zum Abschluss wichtige Gedanken und Fragen in meinem Tagebuch zu notieren.

(C) Loslassen bringt Gelassenheit

Ein Kind entdeckt in einer Glaskugel viele Nüsse. Die Öffnung der Kugel ist etwas eng, doch gelingt es dem Kind hineinzugreifen und möglichst viele Nüsse zu packen. Aber die mit Nüssen gefüllte Faust passt nicht mehr durch die enge Öffnung. Es muss die Nüsse loslassen und überlegen, wie es sie herausnehmen und genießen kann.

Peter Müller

Gelassenheit bedeutet, überlegt und ruhig zu handeln. Das beginnt oft mit dem Loslassen von Dingen, von denen wir uns abhängig erleben, aber auch von Eltern, Geschwistern, Kollegen oder Freunden. Sie und viele andere haben Erwartungen an uns, oft nicht wenige, die uns stören. Nur wenn wir das, was uns stört, ärgert oder bedrängt, offen ansprechen, wenn wir uns bemühen, es gemeinsam zu klären, können wir loslassen, fühlen wir uns freier, handeln gelassener. Besonders schwer fällt es uns, Kränkungen zu verzeihen und loszulassen. Wir spüren unsere Grenzen.

ABENDIMPULS – DEN TAG GUT BEENDEN

Wenn ich heute auf diesen Tag oder diese Woche zurückschaue, dann erinnere ich mich an:

➢ Positive Äußerungen, Ermutigungen, die ich gehört oder direkt erhalten habe. Welche Gefühle spürte ich? Wie habe ich reagiert?
➢ Mein Lob oder die ermutigende Aufmerksamkeit, die ich anderen geschenkt habe. Wie wurde sie angenommen?
➢ Wofür bin ich heute dankbar?

Gebet zum Abschluss

*Gott
ich danke dir dass ich
so wunderbar gemacht bin
ich bin einmalig
mit Leib, Geist und Seele
du hast mich geschaffen
du kennst mich
meine Stärken und Schwächen
meine Möglichkeiten und Bemühungen
meine Vorurteile und Grenzen
meine Sehnsüchte und Ängste
das zu wissen
gibt mir die Kraft
immer neu bewusst und achtsam
als Original zu leben.
Segne mein Tun und
schütze mich in dieser Nacht.*

Peter Müller

6.7 Wochenthema: Vom Zauber der Natur und ihren Geheimnissen

Tausend entzückende Blumen
leuchten im Garten, Rosen mit Veilchen,
mit Düften so zarten.
Wasser rinnt plätschernd von Stein zu Stein.
Schönheit ist die Botschaft Gottes
Wahrheit ist er allein.

Rumi

PILGERSEGEN

Viele Menschen nehmen sich immer wieder Zeit, um ihre aktuelle Lebenssituation zu überdenken. Spaziergänge, Tagespilgern oder längere Pilgerwanderungen, stille Zeiten, etc. bieten dazu gute Möglichkeiten. Sie suchen nach dem Sinn ihres Lebens und auch nach Gott. Doch die alten Gottesvorstellungen helfen meist nicht weiter. Was tun? Dazu folgende meditative Gedanken:

Lasst euch heute von Gott finden

Geht in euren Tag hinaus ohne vorgefasste Ideen,
ohne die Erwartung von Müdigkeit,
ohne Plan von Gott, ohne Bescheidwissen über ihn,
ohne Enthusiasmus,
ohne Bibliothek -
geht so auf die Begegnung mit ihm zu.
Brecht auf ohne Landkarte -
und wisst, dass Gott unterwegs zu finden ist,
und nicht erst am Ziel.
Versucht nicht, ihn nach Originalrezepten zu finden,
sondern lasst euch von ihm finden
in der Armut eines banalen Lebens.

Madeleine Delbrêl

Einstimmung in das siebte Wochenthema

NATUR – MIT ALLEN SINNEN WAHRNEHMEN

Am Anfang der Bibel heißt es: „Gott sah alles an, was er gemacht hatte. Es war sehr gut" (Gen 1,31). Auf meinen Pilgerwanderungen habe ich dieses „es war sehr gut" intensiv und hautnah erlebt: Blumen- und Weizenfelder, Bäume verschiedenster Art, blühende Ginsterbüsche, roter Mohn am Wegrand, die Weite der Landschaft, die Berge, erfrischende Quellen, Sonne, Regen, Wind und Wolken, ... Das alles erfasste und regte mich an zu schauen, innezuhalten, zu staunen, zu schweigen und zu danken. Immer wenn ich heute auf heimischen Pilger- und Wanderwegen unterwegs bin, erinnere ich mich daran und entdecke die Schönheit und Vielfalt unserer Natur. Oft fällt mir dabei der heilige Franziskus ein (1181–1226) ein. In seinem sogenannten „Sonnengesang" hat er einen „Lobpreis der Schöpfung" hinterlassen, der anregt, die einzelnen Verse zu meditieren.

Der Sonnengesang

Höchster, allmächtiger, guter Herr,
dein ist das Lob, die Herrlichkeit und Ehre und jeglicher Segen.
Dir allein gebühren sie, Höchster,
und kein Mensch ist würdig, dich zu nennen.

Gelobt seist du, mein Herr,
mit allen deinen Geschöpfen,
besonders der Schwester Sonne,
die uns den Tag schenkt
und durch die du uns leuchtest.
Und schön ist sie und
strahlend mit großem Glanz:
von dir, Höchster, ein Sinnbild.

Gelobt seist du, mein Herr,
für den Bruder Mond und die Sterne,
am Himmel hast du sie geformt,
klar und kostbar und schön.

Gelobt seist du, mein Herr,
für den Bruder Wind,
für Luft und Wolken,
heiteres und jegliches Wetter,
durch das du deine Geschöpfe
am Leben erhältst.

Gelobt seist du, mein Herr,
für das Wasser,
sehr nützlich ist es
und demütig und kostbar und rein.

Gelobt seist du, mein Herr,
für das Feuer,
durch das du die Nacht erleuchtest.
Und schön ist es und fröhlich
und kraftvoll und stark

Gelobt seist du, mein Herr,
durch unsere Mutter Erde,
die uns erhält und lenkt und
vielfältige Früchte hervorbringt mit
bunten Blumen und Kräutern.

Gelobt seist du, mein Herr,
durch jene, die verzeihen
um deiner Liebe willen
und Krankheit ertragen und Not.
Selig jene, die ausharren in Frieden,
denn du, Höchster, wirst sie einst krönen.

Gelobt seist du, mein Herr,
für unseren Bruder / unsere Schwester,
den leiblichen Tod:
kein lebender Mensch kann ihm entrinnen.
Wehe jenen, die in tödlicher Sünde sterben.

Selig jene, die er findet
in deinem heiligsten Willen, denn der zweite
Tod wird ihnen kein Leid antun.

Lobt und preist meinen Herrn
und dankt ihm und dient ihm
mit großer Demut.

Ich zum Beispiel definiere Wunder neu für mich seit ich pilgern gehe. Wunder – das sind nicht mehr die großen, unerklärlichen Dinge, die plötzlich und unerwartet über mich hereinbrechen und mein Leben auf nie gekannte Weise verändern. Es sind vielmehr die vielen kleinen Dinge, die am Wegrand liegen. Die einfach so passieren, über die ich mich freuen und die ich annehmen kann wie ein Geschenk.
Dagmar Höner

Dagmar Höner, 111 Gründe, Pilgern zu gehen

Impulse für die siebte Woche

Das tägliche Wochenritual

Wasser – es lehrt mich zu leben

Beginne mit einfachen Übungen, die du aus den vorhergehenden Impulsen kennst.

- ➢ Ich dehne und strecke mich, schüttle meine Hände, Arme und Füße aus, setze mich bequem und aufrecht hin. Ich schließe die Augen und richte meine Aufmerksamkeit auf meinen Atem.
- ➢ Ich richte meine Aufmerksamkeit auf meine Nase und spüre, wie mein Atem durch sie einströmt und ausfließt. Ich achte auf diesen Atemfluss durch die Nase. Und wenn ich abschweife, rufe ich mich zurück und atme wieder bewusst durch die Nase ein und aus. Nach etwa fünf Minuten stelle ich mir vor, ich sitze oder stehe an einem größeren Bach oder gar Fluss. Dann lese ich eine alte Geschichte aus China:

Die Schüler fragten einmal ihren Meister: „Du stehst nun schon so lange vor diesem Fluss und schaust ins Wasser. Was siehst du denn da?" Der Weise gab keine Antwort. Er wandte den Blick nicht ab von dem unablässig strömenden Wasser.
Endlich sprach er:
„Das Wasser lehrt uns, wie wir leben sollen. Wohin es fließt, bringt es Leben und teilt sich aus an alle, die seiner bedürfen.
Es ist gütig und freigiebig.
Die Unebenheiten des Geländes versteht es auszugleichen: Es ist gerecht.
Ohne zu zögern, in seinem Lauf, stürzt es sich über Steilwände in die Tiefe. Es ist mutig.
Seine Oberfläche ist glatt und ebenmäßig, aber es kann verborgene Tiefen bilden. Es ist weise.
Felsen, die ihm im Lauf entgegenstehen, umfließt es. Es ist verträglich.
Aber seine Kraft ist Tag und Nacht am Werk, das Hindernis zu beseitigen. Es ist ausdauernd.

Wie viele Windungen es auch auf sich nehmen muss, niemals verliert es die Richtung zu seinem ewigen Ziel, dem Meer, aus dem Auge. Es ist zielbewusst.
Und sooft es auch verunreinigt wird, bemüht es sich doch unablässig, wieder rein zu werden. Es hat die Kraft, sich immer wieder zu erneuern."
„Das alles ist es", sagte der Meister, „warum ich auf das Wasser schaue. Es lehrt mich das rechte Leben."

Weisheitsgeschichte aus China (Text aus: ferment 5/2001, Seite 2)

Ich wähle eine der „Lebensfähigkeiten" des Wassers aus, die ich heute besonders beachten möchte. Ich meditiere sie ca. zehn Minuten und beende diese Übung. Am Abend erinnere ich mich an sie und frage: Was ist mir gelungen? Was war mir wichtig? An den nächsten Tagen wiederhole ich diese Übung. Ich wähle aber eine andere Lebensfähigkeit des Wassers aus und meditiere ihre Bedeutung für mich.

Atempause – Tagesimpulse zu Auswahl

(A) Indianische Weisheit – Gottes Wirken spüren

Woher wüssten wir, wie wir leben sollen, wenn wir nicht an etwas glaubten, das größer ist als wir?
Wer würde uns lehren zu leben?

Wer sagt dem Baum, wann die Zeit kommt,
seine kleinen Blätter auszutreiben?
Wer sagt den Drosseln,
dass es warm geworden ist und
sie wieder in den Norden fliegen können?
Vögel und Bäume hören auf etwas,
das weiser ist als sie.

Oft sitze ich allein ... und schaue die Lilien an
und die kleinen roten Blüten und frage mich:
"Wer hat euch gesagt, dass es Frühling ist
und dass ihr blühen sollt?"

Und ich denke und denke nach,
und immer komme ich auf dieselbe Antwort:
Das, was größer ist als wir,
lehrt alle Lebewesen,
was sie tun sollen.

Wir sind wie die Blumen.
Wir leben und sterben,
und aus uns selbst heraus wissen wir nichts.
Aber das, was größer ist als wir,
zeigt uns, wie wir leben sollen.

Chiparopai, amerikanische Ureinwohnerin aus dem Stamm der Yuma
(in: Jörg Zink, Unter dem großen Bogen)

(B) Erzähl mir von Gott

Der Mönchsvater Jogli-Katan lebte schon lange in der Wüste. Viele Pilger kamen zu ihm und fragten ihn um Rat. Doch er liebte es, diese Menschen auf einen Weg zu schicken, anstatt ihnen Antworten zu geben.
Eines Tages kamen vier seiner Schüler zu ihm und baten ihn: „Sagst du uns etwas über Gott?" Da entgegnete er: „Macht euch auf den Weg und fragt den, den ihr unterwegs trefft." Die vier machten sich auf und jeder ging seinen eigenen Weg. Gegen Abend kamen die ersten drei zurück und berichteten, was sie erlebt hatten.
Der Erste sprach: „Ich traf den ganzen Tag niemand. So bat ich die Sonne: Erzähl mir von Gott. Da verfinsterte sich die Sonne und es wurde stockdunkle Nacht. Am Himmel erschienen die Sterne in all ihrer Pracht."
Der Zweite sprach: "Auch ich traf niemanden auf meinem Weg. So bat ich die Wüste: Erzähl mir von Gott. Da spaltete sich der Fels, eine Quelle sprudelte hervor und die Wüste verwandelte sich in blühendes Land."
Der Dritte sprach: „Da auch mir keine Menschenseele begegnete, bat ich einen Vogel: Erzähl mir von Gott: Da flog der Vogel davon. Und kehrte mit einem Ölzweig zurück."
Die Sonne war lange untergegangen, als auch der Vierte heimkehrte und berichtete. Er sprach: „Ich traf sehr bald auf einen Hirten. Ich bat ihn: Erzähl mir von Gott. Da nahm mich der Hirte mit und wir suchten den ganzen Tag nach einem Schaf, das sich verirrt hatte."

Jogli-Katan nickte zufrieden und schwieg. Er wusste: Besseres über Gott hätte auch er seinen Schülern nicht sagen können.

Klemens Nodewald, Wenn die Freude Weitsprung übt

(C) *Meine Sinne trainieren*

Wenn ich zu einem längeren Spaziergang durch einen Wald oder zu einem Pilgertag aufbreche, dann stellt sich meine Aufmerksamkeit sehr schnell um. Ich sehe Dinge, an denen ich im Alltag vorübergehe, höre Töne, die im Lärm des Alltags untergehen. Das regt mich an, meine Sinne auch für den Alltag zu trainieren. Ich gehe langsam, wähle einen Sinn aus und achte eine Zeit lang auf ihn.

Ich *höre* die Geräusche der Blätter, einen plätschernden Bach, ...

Ich *rieche* das frische Gras, den erdigen Boden, ... Und das, was ich *sehe*, *höre* oder *rieche*, verbinde ich mit dem, was ich dazu denke, an was es mich erinnert, was ich fühle und was mich dabei berührt. So wird aus meinem „Hin-Sehen" ein inneres Sehen, dem „Hin-Hören, ein inneres Hören, ein inneres Riechen, Schmecken, Spüren. Meine Sinne lehren mich, auf neue Weise achtsam zu leben.

Nimm dir immer wieder Zeit, allein zu gehen und deine Sinne achtsam zu trainieren!

Abendimpuls – Den Tag gut beenden

Ich meditiere den Tag und meine Erinnerungen mit dem folgenden Text. Ich forme mit meinen Händen eine Schale und lege alle meine Gedanken und Gefühle hinein.

Mein Tag im Rückblick

Ich öffne meine Hände
bilde eine Schale
und lege alles in Gedanken hinein
was ich an diesem Tag
wahrgenommen und erlebt
diskutiert und getan habe

Unruhige Gedanken
Ärger, der noch in mir arbeitet
Gefühle, die mich beschäftigen
körperliche Anstrengungen
Fragen, die ich mir stelle
Freude und Freiheit, die ich genieße

Ich danke für
den glitzernden Morgentau
die wärmende Sonne
die reifen goldgelben Weizenfelder
den heranwachsenden Mais
das frische Wasser des Brunnens
die Menschen, denen ich begegnete
für mein schweigendes Gehen

Gott, dir halte ich alles dankbar hin
lass mich mit Körper, Geist und Seele
in dieser Nacht ruhig schlafen

Peter Müller

6.8 Wochenthema: Zum Vertrauen fähig sein – Mach's wie Gott, werde Mensch!

Man sollte nicht ängstlich fragen,
was wird und was kann noch kommen,
sondern fragen:
Ich bin gespannt,
was Gott noch alles
mit mir vor hat?

Selma Lagerlöf

Gehe weiter deinen Weg!

Gehe weiter deinen Weg
ruhig und gelassen
denke immer daran welche Kraft
dir die Zeit der Stille schenkt.

Sei offen für alles
was dir begegnet
sage deine Wahrheit
freundlich und deutlich
höre anderen wertschätzend zu.

Lebe deine Werte
sei immer du selbst
vergleiche dich nicht mit anderen
übernehme gerne Verantwortung
aber verliere dich dabei nicht selbst.

Finde deinen Lebensrhythmus
achte auf den Frieden deiner Seele
lebe deinen Glauben
wie du ihn zurzeit verstehst
gehe deinen Weg.

Mach's wie Gott, werde Mensch
vertraue ihm und dir selbst
er segne und begleite dich
auf deinem Weg.

Peter Müller

Einstimmung in das achte Wochenthema

Vertrauen – *erleben und weitergeben*

Vertrauen entsteht und wächst, wo Vertrauen erfahren wird. Das zeigt folgende Beobachtung. Ein Vater spielt mit seinem etwa zweijährigen Sohn. Er wirft ihn hoch und fängt ihn sicher wieder auf. Ein Spiel zwischen Angst und Vertrauen beginnt. Der Sohn erwartet voll Freude die nächste Spaßrunde, doch er wirkt auch etwas unsicher. Der Vater richtet seine Aufmerksamkeit konzentriert auf den Sohn. Er streckt ihm seine geöffneten Hände entgegen, gibt ihm das Signal „Ich bin für dich da" und fängt ihn sicher auf. Der Sohn spürt, mein Vater „ist für mich da", auf ihn kann ich mich verlassen. Der Vater erlebt, mein Sohn vertraut mir, er fühlt sich bei mir sicher.

Vertrauen, das ist etwas Elementares, das wir schon als kleine Kinder in der zwischenmenschlichen Liebe erfahren. Hier lernt ein Kind, z. B. im Spiel mit einem anderen Menschen, zu vertrauen. In vielen kleinen Situationen und Begegnungen des Alltags entsteht eine vertrauliche Atmosphäre, eine Erfahrung, selbst vertrauen zu können und es anderen zu ermöglichen, mir zu vertrauen. Daraus entsteht das so wichtige menschliche Grundvertrauen. Dennoch bleibt – vor allem in neuen Spannungs- und Krisensituationen – Vertrauen immer ein Wagnis, denn wenn ich vertraue, öffne ich mich und begebe mich in die Hände eines anderen. Doch wir wissen auch, Angst wird nur durch Vertrauen überwunden, geschenktes Vertrauen überwindet Misstrauen.

Dazu gehört auch die Erfahrung, einem anderen etwas zuzutrauen und selbst zu erfahren, er oder sie traut auch mir. Bis es soweit kommt, braucht es meist Zeit. Doch daran müssen wir arbeiten und fragen: Was tue ich selbst, damit andere mir vertrauen können? Vertrauen lernen, Zutrauen erleben, anderen vertrauen, ihnen und mir etwas zutrauen, diese Erfahrungen tragen dazu bei, dass ich bekennen kann: Ich fühle mich letztlich von Gott getragen, dem Gott der in der Bibel seinen Namen sagt. Er nennt sich der „Ich bin da". Solch ein Gottvertrauen bedeutet: „Selbst wenn ein Mensch mein Vertrauen enttäuscht, werde ich nicht ins Bodenlose fallen. Ich bin immer noch gehalten von Gott, der mich nie fallen lässt." (Anselm Grün)

Mein Name – „Ich bin da"

Vertrauen als eine Zusage
In die Lichtblicke deiner Hoffnung
und in die Schatten deiner Angst
in die Enttäuschung deines Lebens
und in das Geschenk deines Zutrauens
lege ich meine Zusage:

ICH BIN DA
In das Dunkel deiner Vergangenheit
und in das Ungewisse deiner Zukunft
in den Segen deines Wohlwollens
und in das Elend deiner Ohnmacht
lege ich meine Zusage:

ICH BIN DA
In das Spiel deiner Gefühle
und in den Ernst deiner Gedanken
in den Reichtum deines Schweigens
und in die Armut deiner Sprache
lege ich meine Zusage:

ICH BIN DA

In die Fülle deiner Aufgaben
und in deine leere Geschäftigkeit
in die Vielzahl deiner Fähigkeiten
und in die Grenzen deiner Begabung
lege ich meine Zusage:

ICH BIN DA

In das Gelingen deiner Gespräche
und in die Langeweile deines Betens
in die Freude deines Erfolges
und in den Schmerz deines Versagens
lege ich meine Zusage:

ICH BIN DA

In das Glück deiner Begegnungen
und in die Wunden deiner Sehnsucht
in die Wunden deiner Zuneigung
und in das Leid deiner Ablehnung
lege ich meine Zusage:

ICH BIN DA

In die Enge deines Alltags
und in die Weite deiner Träume
und in die Kälte deines Herzens
lege ich meine Zusage:

ICH BIN DA

Paul Weismantel

DAS TÄGLICHE WOCHENRITUAL

Gott atmet mit mir

In der biblischen Schöpfungserzählung heißt es: Gott formte den Menschen „und blies in seine Nase den Lebensatem. So wurde der Mensch zu einem lebendigen Wesen" (Gen 2,7). Der Atem und das Leben sind ein Geschenk Gottes. Gott atmet mit uns.

- ➢ Ich dehne und strecke mich, schüttle meine Hände, Arme und Füße aus, setze mich aufrecht hin. Ich schließe die Augen und richte meine Aufmerksamkeit auf meinen Atem.
- ➢ Ich richte meine Aufmerksamkeit auf meine Nase und spüre, wie mein Atem durch sie einströmt und ausfließt. Ich achte auf diesen Atemfluss durch die Nase (ca. fünf Minuten).
- ➢ Ich richte meine Aufmerksamkeit auf meinen Bauch. Ich spüre, wie sich durch mein Ein- und Ausatmen mein Bauch hebt und senkt (ca. fünf Minuten).
- ➢ Ich richte meine Aufmerksamkeit auf mein Herz und spüre meinen Herzschlag. Wenn ich ihn nicht spüre, dann lege ich die Finger einer Hand auf die Innenseite des anderen Armes (gleich unterhalb der Hand) und spüre dort für einige Minuten meinen Puls.
- ➢ Ich achte nun darauf, wie mein Atem durch meine Arme, Hände, Beine, Füße, durch meinen ganzen Körper strömt. Ich werde ruhiger und ruhiger. Dann sage ich beim Einatmen leise zu mir den Satz: „Gott atmet ..." Und beim Ausatmen den Satz: „... mit mir." Dann wiederhole ich den jeweiligen Halbsatz bei jedem Ein- und Ausatmen für etwa fünf Minuten.
- ➢ Zum Abschluss achte ich wieder auf meinen Atem, nehme drei tiefe Atemzüge, danke für meine Erfahrungen, öffne die Augen, bewege mich und beende nach ca. 20 bis 25 Minuten die Übung.

Alternative: Du kannst aber statt des Satzes „Gott atmet mit mir“ auch andere Sätze wählen, zum Beispiel:

- ➢ Jesu Sohn Gottes ... erbarme dich meiner.
- ➢ Geist Gottes ... begleite mich.
- ➢ Ich atme ein ... und ich lasse los.
- ➢ Ich atme und ... Freude ist in mir.
- ➢ Ich atme ... die Energie der Natur.

Der Atem
ist der Atem
der Gnade Gottes
und dieser
Atem ist es
der die Seele
zum Leben erweckt.

Solange
die Seele nicht
vom Bewusstsein
belebt ist
gleicht sie dem Vogel
der nicht flügge ist.
Sufi-Weisheit

Atempause – Tagesimpulse zur Auswahl

(A) Mach‘s wie Gott, werde Mensch
Der Priester und Künstler Wilhelm Bruners nennt Gott einen „heruntergekommenen Gott“. In dieser ungewohnten Aussage liegt das Geheimnis der Menschwerdung Gottes verborgen. Der heruntergekommene Gott verschwistert sich mit uns Menschen. Er wurde einer von uns, mit einer Lebensgeschichte, solidarisch mit Armen und Schwachen, Kranken und Ausgestoßenen, Suchenden und Zweifelnden, ließ er sich nicht auf die herkömmliche Gottesvorstellung festlegen, sondern lebte Nähe

und Zuneigung, stille Zurückgezogenheit und öffentliches Auftreten, Trost und Liebe, verkündete Frieden und verbreitete Hoffnung.
Unterbreche deinen Alltag, wähle einen Tipp aus, schließe die Augen, achte auf deinen Atem, werde ruhig. Frage dich: Wo und wie kann ich einen Tipp heute leben?

Kurzer Tipp: Ich denke und handle ehrlich.

Weiser Tipp: Ich erzähle Vorurteile nicht weiter.

Sinnlicher Tipp: Ich nehme mit allen Sinnen wahr.

Praktischer Tipp: Ich werde gebraucht, daher ...

Lohnender Tipp: Ich nehme mir Zeit zur Stille!

Hilfreicher Tipp: Ich bin geduldig!

Mutiger Tipp: Ich spreche ehrliche Worte.

Persönlicher Tipp: Ich führe Gespräche mit Zweiflern.

Einfacher Tipp: Ich teile meine Freude.

Tipp für mich: ...

(B) Gott – einladen in meine inneren Baustellen
Ab und zu bleibe ich in unserer Stadt an einer Großbaustelle stehen. Da höre ich den Lärm eines Baggers, dort bewegt ein Kran schwere Lasten, ein Gerüst wird errichtet ... Dazwischen Menschen in Arbeitsmontur und mit Sicherheitshelmen, während ein Teil des Gebäudes bereits bis zur zweiten Etage aufstrebt. Wer da wohl alles mitarbeitet, wer hier wohnen wird? Alles scheint nach Plan zu laufen und doch verwirrt mich dieses Bild. Es erinnert mich an meine inneren Baustellen. Da müsste so manches umgebaut und gerichtet werden. Manches Neue muss entstehen. Ich bin immer im Werden und nie ganz fertig.
Das erinnert mich: Wie viele haben früher an mir „gearbeitet", Eltern, Lehrer, Jugendgruppenleiter. Sie alle hatten ihre Vorstellung, was aus mir werden sollte. Manche waren einfühlsam, andere nicht, einiges musste ich akzeptieren und anderes habe ich durchkreuzt. Das waren erste Schritte, mein Leben selbst in die Hand zu nehmen. Und heute, kenne ich meine inneren Baustellen? Lasse ich sie unfertig oder bin ich

bereit, sie neu anzuschauen, z. B. alte Geschichten und Verletzungen aufzuräumen, mich zu versöhnen und neue Wege zu gehen? Wenn ich es allein oder mithilfe eines vertrauten Menschen nicht schaffe, frage ich mich: Warum lade ich nicht Gott auf meine Baustelle ein? Im Psalm 139 (1,24) heißt es:

Herr, du kennst mich ...
Hilf mir auf meinem Weg zu sein.

(C) *„Er führte dich in die Weite, er befreit dich, denn er hat Gefallen an dir"*
Diese Erfahrung des Psalms (18,20) kann ich immer dann erleben, wenn ich mich an einem Waldrand auf eine Bank setze, ruhig atme und in die Weite schaue.
Schon der Blick ins weite Land lässt mich freier atmen. Ich sehe die verschiedenen Grüntöne der Wiesen, je nach Jahreszeit staune ich über blühende Bäume, weiße Schlehenbüsche, über gelbe Rapsfelder oder die herbstliche Farbenpracht der Blätter. Ich höre das Summen der Bienen, die zwitschernden Vögel, sehe eine Stadt mit ihren Türmen und Kirchen, am Horizont eine Bergkette, hoch über mir ein Bussard, der seine Kreise zieht ... Das Erleben der Natur weckt Erinnerungen, Gedanken und Bilder. Es heilt auch meine Kurzsichtigkeit, löst erstarrte Vorstellungen, weitet meine Aufmerksamkeit, meine Sicht auf Menschen, mich selbst und Gott. Ich spüre, ich bin nicht allein. Ich fühle mich frei, sicher und getragen.

Du musst nicht über die Meere reisen,
du musst keine Wolken durchstoßen,
musst nicht die Alpen überqueren.
Der Weg, der dir gezeigt wird, ist nicht weit.
Du musst deinem Gott
nur bis zu dir selbst entgegengehen.
Denn das Wort ist dir nahe:
Es ist in deinem Mund
und in deinem Herzen.

Bernhard von Clairvaux

Abendimpuls – Den Tag gut beenden

Ich suche einen ruhigen Ort und erinnere mich an alles, was heute geschehen ist: Was war gut und ermutigend, was fehlerhaft und lästig? Wofür bin ich heute dankbar?
Notiere deine wichtigsten Gedanken.

Gebet zum Abschluss

Gott, du weißt
wer ich hinter all meinen Masken bin.
Vor dir kann ich mich nicht verstecken.
Du kennst meine Gedanken und
Gefühle, Stärken und Schwächen
alles was ich vor anderen verberge.

Wo immer ich bin
und was immer ich tue: Du weißt es.
Du hast mich von Anfang
an gesehen und mir
menschliche Würde geschenkt
mich auf meinem Weg begleitet.

Meine Zukunft liegt ungewiss vor mir
doch bei dir ist sie aufgehoben.
Du kennst mich, dir vertraue ich.
Du weißt wer ich wirklich bin.

In diesem Vertrauen
beende ich meinen Tag.

Peter Müller, nach Psalm 139

6.9 Wochenthema: „Die Gedanken sind frei …“ und wie wir damit umgehen

Wer helfende Worte in sich aufruft,
erfährt das Wort.
Wer Halt gewährt,
stärkt sich in dem Halt.
Wer Trost spendet,
vertieft in sich den Trost.
Wer Heil wirkt,
dem offenbart sich das Heil.

Martin Buber

Auf dem inneren Pilgerweg

*Täglich
auf meine innere Stimme achten.
Ich halte inne und frage:
Wer bin ich?*

*Ich höre sie sagen
du bist dein Aussehen
du bist deine Leistung
du bist dein Erfolg
du bist dein angepasstes Verhalten*

*Nein!
Ich bin müde
von diesem Maskentragen
von diesen Rollenspielen
von diesen Urteilen
von diesen Lügen*

*Ich bin nicht
was sie über mich sagen
ich frage weiter und suche
ich schweige und gehe*

*Ich höre meine innere Stimme:
vertraue und gehe
das Gute liegt in dir
Gott geht mit dir*

*Ich bin ich
und der Weg geht weiter*

Peter Müller

Einstimmung in das neunte Wochenthema

Unsere Gedanken – ihre Kraft und Wirkungen

Wir alle kennen das: Wenn ich ärgerlich, zornig, ängstlich oder voller Sorgen bin, dann fühle ich mich seelisch in meinen Gedanken und Gefühlen gefangen. Wenn ich mich mit erfreulichen, angenehmen oder ermutigenden Dingen und Gedanken beschäftige, dann fühle ich mich seelisch ausgeglichen, beflügelt und offen für Neues. Ich spüre, dass in Gedanken und Worten eine mächtige Energie steckt. Damit beeinflussen sie meine seelische Befindlichkeit als ganzer Mensch, zum Beispiel, wenn ich traurig oder gestresst bin oder Bäume ausreißen könnte, spüre ich das körperlich, geistig und seelisch. Ich bin dann müde, antriebsarm, ängstlich, mutig, fröhlich, aktiv, locker ... Gedanken ziehen ihre Kreise, sie behindern oder fördern unsere Wahrnehmung, sie beeinflussen unsere Einstellung. Glückliches Leben wird bestimmt von den Inhalten unserer Gedanken, denn sie streben danach, Wirklichkeit zu werden. Dazu eine Geschichte aus der christlichen Mönchstradition:

Ein Mönch fragte seinen Abt: „Vater, ich habe vielerlei schlechte Gedanken und komme durch sie nicht zur Ruhe." Der Alte führte ihn ins Freie und sagte zu ihm: „Breite dein Obergewand aus und halte damit die Winde auf!" Der Mönch antwortete: „Das kann ich nicht, das ist unmöglich!" Da antwortete der Alte: „Wenn du das nicht kannst, dann kannst du auch die Gedanken nicht daran hindern, zu dir zu kommen. Aber es ist deine Aufgabe, ihnen zu widerstehen!"

Aus der frühchristlichen Mönchstradition

Wir können belastende Gedanken in uns nicht verhindern, doch wir sollten sie erkennen, ihren Einflüssen widerstehen und sie verwandeln. Wenn ich mich über einen Menschen ärgere, der mich ständig hochnäsig behandelt und verletzt, dann steckt in meinem Ärger auch der gute Impuls, mich zu schützen und mir Gutes zu tun. Denn „das Glück des Lebens hängt von der Beschaffenheit deiner Gedanken ab" (Marc Aurel, römischer Kaiser von 161–180).

Der Mönch Cassian bestätigt diese Erkenntnis im 4. Jahrhundert und meint: „Der Mensch wird, was er denkt". Er fordert uns auf, uns immer wieder mit Gedanken zu beschäftigen, die gelingendes Leben fördern. Wer immer wieder zu sich sagt „Das kann ich nicht", „Das geht sicher schief", wird mit solchen „negativen Gedanken" sein Leben und das seiner Mitmenschen belasten, ja, vielleicht gar zerstören. Nutze, so könnte man den Mönch Cassian verstehen, die Energie und Wirkkraft positiver Gedanken, denn „jeder Tag schenkt neue Lebensmöglichkeiten".

Achte auf deine Gedanken
denn sie werden deine Worte.

Achte auf deine Worte
denn sie werden deine Handlungen.

Achte auf deine Handlungen
denn sie werden deine Gewohnheiten.

Achte auf deine Gewohnheiten
denn sie werden dein Charakter.

Achte auf deinen Charakter
denn er wird dein Schicksal.
Aus der Jüdischen Tradition

Impulse für die neunte Woche

DAS TÄGLICHE WOCHENRITUAL

Mein Spaziergang – real oder mental
INNEHALTEN – Ich breche auf zu einem Spaziergang im Park, Wald, entlang am Fluss ... Wenn das heute nicht geht, bleibe ich daheim, setze mich auf einen Stuhl und stelle mir diesen Spaziergang mental vor. Wenn es regnen sollte, habe ich meine Regenjacke und Schirm dabei. Bevor ich aus der Türe gehe, halte ich kurz inne, schließe die Augen und atme einige Male tief ein und nehme mir vor, mit all meinen Sinnen achtsam unterwegs zu sein.

SCHAUEN – Ich gehe zunächst meines Weges. Ich achte auf meine Schritte. Dann beginne ich immer mehr, die vielen schönen Dinge wahrzunehmen, die ich sehe, höre, rieche, schmecke. Ich achte auf das Positive der Dinge. Vor dem einen oder anderen bleibe ich stehen und konzentriere mich darauf, z. B. vor einem Baum, einem neuen Haus, einer Pfütze, einem blühenden Strauch oder einer Baustelle. Ich achte auf die Art, wie Menschen am Morgen oder Abend gehen, wie sie aufeinander Rücksicht nehmen, eilen oder auf einer Bank sitzen. Sie alle lasse ich nicht einfach an mir vorüberziehen. Ich nehme sie wahr und würdige sie mit meinem Verstand.
HANDELN – Ich notiere mir drei bis fünf Dinge, die mir während meines Spaziergangs aufgefallen sind. Ich achte dabei auf die Kleinigkeiten, die ich gerne übersehe. Ich setze mich auf eine Bank und schreibe meine Gedanken hier oder daheim auf. Ich bedanke mich und gehe gestärkt in den Tag.

Atempause – Tagesimpulse zur Auswahl

(A) Die drei Siebe des Sokrates

Zum weisen Sokrates kam ein Freund gelaufen und sagte: „Höre Sokrates, das muss ich dir unbedingt erzählen!"
„Halte ein!" unterbrach ihn der Weise, „Hast du das, was du mir sagen willst, durch die drei Siebe geprüft?"
„Drei Siebe?", fragte der andere verwundert.
„Ja, mein Freund! Lass sehen, ob das, was du mir sagen willst, durch die drei Siebe hindurchgeht.
Das erste ist die Wahrheit. Hast du alles, was du mir erzählen willst, geprüft, ob es wahr ist?"
„Nein, ich weiß nicht, ich hörte es erzählen und ..."
„So, so! Aber sicher hast du es im zweiten Sieb geprüft. Es ist das Sieb der Güte. Ist das, was du mir erzählen willst, wenigstens gut?"
Zögernd sagte der Freund: „Nein, im Gegenteil ..."
„Hm ...", unterbracht ihn der Weise, „So lass uns auch das dritte Sieb noch anwenden. Ist es notwendig, dass du mir das erzählst, was dich so erregt?"
„Notwendig nun gerade nicht ..."

„Also", sagte lächelnd der Weise, „wenn das, was du mir erzählen willst, weder wahr noch gut noch notwendig ist, so lass es begraben sein und belaste dich und mich nicht damit!"

Aus der griechischen Philosophie

Leitfragen für gute Gespräche:
- ➢ Ist das wirklich wahr?
- ➢ Ist das wirklich gut?
- ➢ Ist das wirklich notwendig?

(B) Gedanken ziehen ihre Kreise

Ich unterbreche meinen Tagesablauf, atme einige Male tief ein und aus und lese dann aufmerksam die folgenden Gedanken. Anschließend wähle ich zwei oder drei Aussagen aus und frage mich: Was haben sie mit mir zu tun? Treffen sie auch auf mich zu? Was möchte ich ändern? Welche Aussage will ich heute im See versenken, welche Sonne erstrahlen lassen?

GEDANKEN sind wie ein Stein, der ins Wasser fällt und Kreise zieht:
- ➢ die Angst, die ich verschweige
- ➢ das Gerücht, das ich verbreite
- ➢ der Ärger, den ich auslöse
- ➢ die Worte, die andere verletzen
- ➢ die Vorurteile, die ich pflege
- ➢ den Stress, den ich mache
- ➢ ...

GEDANKEN sind wie eine Sonne, die der Seele Wärme senden:
- ➢ die Worte, mit denen ich andere lobe
- ➢ den Mut, den ich anerkenne
- ➢ das Vertrauen, das ich habe und gebe
- ➢ die Dankbarkeit, die ich zeige
- ➢ die Ruhe, die ich ausstrahle
- ➢ die Hoffnung, aus der ich lebe
- ➢ das Lachen, das ansteckend wirkt
- ➢ ...

Abschließend halte ich einen Moment inne, atme einige Male tief durch und wende mich mit neuer Motivation meiner Arbeit zu.

(C) Welcher Wolf wird gewinnen?

Ein alter Indianer saß mit seinem Enkel am Lagerfeuer. Sie sprachen über Gott, die Welt und die Menschen. Nach einer Weile des Schweigens sagte der Großvater: „Weißt du, wie ich mich manchmal fühle? Es ist als ob zwei Wölfe in meiner Seele miteinander kämpfen würden. Der eine ist aggressiv, arrogant, gehetzt, gierig, sucht immer nur seinen Vorteil und will der Beste sein. Der andere hingegen ist ruhig, klug, offen, gelassen, mitfühlend, engagiert und liebevoll."

„Kämpfen die beiden auch in meiner Seele?", fragte der Junge.

„Ja, auch in deiner Seele", antwortete der Großvater.

Der Junge schwieg, schaute ins Feuer und fragte nach einer Weile: „Und welcher wird den Kampf gewinnen?"

Der Großvater schwieg zunächst, dann schaute er ihn an und sagte: „Der Wolf, den du mit deinen Gedanken, Worten, Emotionen und Taten füttern wirst."

Eine tiefe Stille breitete sich aus.

Quelle unbekannt, bearbeitet von Peter Müller

Der christliche Schriftsteller und Mönch Evagrius Ponticus (345–399) zeigt uns einen Weg, wie ich meinen inneren aggressiven Wolf stoppen und den anderen mit den menschlichen „Gedanken, Worten, Emotionen und Taten" füttern kann. Er schreibt: „Sei ein Türhüter deines Herzens und lasse keinen Gedanken ohne Befragung herein."

Befrage daher in konkreten Situationen deine Gedanken und Emotionen: Sind sie negativ, ärgerlich, zornig, belastend oder schädlich, dann schicke sie weg und schließe die Tür. Sind sie aber einfühlsam, ehrlich, offen, aufbauend, ermutigend dann lade sie ein und gib ihnen Raum, in dir zu leben.

Tagesgebet-Besinnung

Mein Tag neigt sich dem Ende zu. Ich setze mich, schließe die Augen und achte auf mein Ein- und Ausatmen. Stille kehrt ein, mein Atem wird ruhiger. Dann öffne ich die Augen, nehme den folgenden Text und lese einzelne Fragen, meditiere sie und notiere alles, für das ich heute dankbar bin.

Gott, ich habe diesen Tag gelebt. Ich halte ihn vor dein Angesicht:
Habe ich die Möglichkeiten dieses Tages wahrgenommen und bin ich verantwortlich damit umgegangen?
War ich einfühlsam und geduldig mit mir und anderen?
Habe ich meine und ihre Wünsche, Gedanken und Hoffnungen wahrgenommen?
Wie habe ich darauf reagiert?
Habe ich sie ermutigt, neu zu beginnen?

All das, was nicht so war,
Gott, verzeihe mir.
Schwächen und Gelungenes
sind bei dir aufgehoben,
so fühle ich mich bei dir geborgen.
All das, was gelungen ist,
Gott, dafür danke ich.
So kann ich voller Vertrauen
in diese Nacht hineingehen.

Peter Müller

6.10 Wochenthema: Dankbar sein – Weil es mir Freude macht und guttut

Dankbarkeit bedeutet für mich:
einverstanden zu sein mit meinem Leben,
im Einklang mit dem, der ich geworden bin
und einen tiefen Frieden zu spüren,
zu erkennen:
Es ist alles gut, so wie es ist.

Anselm Grün

Pilgersegen

Ich sage danke
Für ein offenes Ohr
das Zeit hat zuzuhören
Zwischentöne wahrnimmt
und annehmen kann.

Für ein offenes Wort
das tröstet
ermutigt
froh macht.
Für einladende Zeichen
zu kommen
mitzugehen
zu bleiben.

Für ein engagiertes Handeln
das Menschen achtet
die Not lindert
den Sinn im Leben erkennen lässt.

Für ein treffendes Wort
einen verwurzelten Glauben
eine gelebte Hoffnung
eine zuwendende Liebe.

Für ein ermutigendes Miteinander
eine Freude und Dankbarkeit
die Himmel und Erde verbindet.

Peter Müller

Einstimmung in das zehnte Wochenthema

Dankbar sein macht Freude

Ratgeber für ein glückliches Leben überschwemmen den Buchmarkt. Die Werbung redet uns täglich ein, was wir zum Glück brauchen. Doch warum sind wir nicht alle glücklich? Der Mönch David Steindl-Rast meint, weil wir zurzeit eine „ziemlich undankbare Gesellschaft" sind. Unermessliche Ansprüche, die Angst, etwas zu verpassen, vieles werde als selbstverständlich angenommen, trotz Arbeitszeitverkürzung haben wir keine Zeit für uns ... Wir seien nicht mehr zufrieden mit dem, was wir haben. Doch nur wer dankbar sei, erlebe sich als zufrieden und glücklich.

Können wir Dankbarkeit lernen? Danken kommt von denken. Wer bewusst nachdenkt und seine Aufmerksamkeit immer wieder auf das ausrichtet, was um ihn ist, was sein Leben bereichert, was er erlebt hat und was er ist, der begibt sich auf den Weg der Dankbarkeit. In jedem Augenblick können wir einen unendlichen Reichtum entdecken, vom Zwitschern der Vögel über das ermutigende Wort, die herbstlich gefärbten Bäume oder ein bereicherndes Gespräch. Wer seine Gedanken wieder bewusst auf solche Dinge richtet, wird erleben, dass den Gedanken das Gefühl folgt: Ich bin zufrieden und dankbar für das, was ich habe und erlebe.

Dankbarkeit ist ein spiritueller Weg, der uns herausfordert, mit neuen Augen unser Leben, die Mitmenschen und die Schöpfung Gottes zu betrachten. Ein Weg, der zu der Erkenntnis führt, dass mein Leben ein Geschenk ist, mit Höhen und Tiefen. Wir sind eingeladen, Dankbarkeit zu üben.

1. Dankbar zu sein für alles Schöne in der Natur, die Eltern und Geschwister, für Freunde, Partner, meine Gesundheit, Arbeit, Fähigkeiten, Mitmenschen, den heutigen Tag ...
2. Dankbar zu sein, wenn ich an mein Unterwegssein als Pilger oder jetzt im Alltag denke. Da gibt es viele kleine Dinge, für die man danken kann: für ein Lächeln, einen netten Gruß, einen Schluck Wasser, eine spontane Hilfe, das aufmerksame Zuhören, ein offenes und klares Wort, einen ermutigenden Tipp.

3. Dankbar zu sein auch für die Schwierigkeiten meines Lebens: Ärgerliches, Misslungenes und schwere Stunden. Schauen wir dabei auch auf ihre positiven Seiten und was sie uns – bei allen Schwierigkeiten – an Fähigkeiten und Entwicklung gebracht haben. Sie helfen mir heute, achtsamer zu sein, mich nicht ständig zu ärgern oder alles zu beklagen, sondern zu fragen: Wozu ist das gut? Was lerne ich daraus? Dafür bin ich dankbarer geworden, zufriedener und glücklicher.

Ich bin dankbar,
nicht weil es vorteilhaft ist,
sondern weil es Freude macht.

Seneca

Das tägliche Wochenritual

Dankbar zu mir stehen

Ich beginne mit einfachen Übungen, die ich aus den vorhergehenden Texten kenne:

Ich dehne und strecke mich, schüttle meine Hände, Arme und Füße aus. Dann stelle ich mich aufrecht hin, schließe die Augen und richte meine Aufmerksamkeit auf meinen Atem.

- ➢ Ich stehe mit beiden Füßen auf dem Boden, ich richte meine Aufmerksamkeit auf sie und nehme die Verbindung zwischen Füßen und Fußboden wahr.
- ➢ Ich achte auf meinen Atem, er kommt und geht, er fließt ein und aus und ich spüre meinen Atemrhythmus.
- ➢ Mein Atem ist mein persönlicher Atem und zugleich verbindet er mich mit allem, was um mich herum lebt. So versuche ich, tiefer und tiefer zu atmen und Stille breitet sich aus.
- ➢ Ich erinnere mich während meines Ein- und Ausatmens an die Worte der Hildegard von Bingen: „Gott atmet in allem, was lebt."
- ➢ Diesen Satz spreche ich innerlich vor mich hin. Mit jedem Einatmen „Gott atmet ..." und bei jedem Ausatmen „... in allem, was lebt". So kann ich den Lebensatem Gottes in mir und allem, was lebt, wahrnehmen. Ich lasse meinen Atem und die Weisheit dieses Spruchs in mir fließen, gebe Spannungen und Druck ab, lasse ablenkende Gedanken einfach los, atme ein und aus.
- ➢ In der Stille meines Dastehens spüre ich: Ich bin dankbar! Ich bin gesegnet! Ich gehe gestärkt in den heutigen Tag!
- ➢ So richte ich zum Schluss nochmals meine Aufmerksamkeit auf meinen Atem und beginne, meine Hände zu bewegen, zu dehnen und strecke mich und gehe gestärkt in den Tag.

Wäre das Wort „Danke"
das einzige Gebet, das du je sprichst,
so würde es genügen.

Meister Eckhart

Atempause – Tagesimpulse zur Auswahl

(A) Ein Weg der Dankbarkeit

Pause heißt meine Tätigkeit zu unterbrechen, mich mit etwas anderem zu beschäftigen, Energie zu tanken. Drei Schritte unterstützen mich dabei INNEHALTEN – SCHAUEN – HANDELN. Was haben sie mit Danken zu tun?

David Steindl-Rast, Dankbar leben

INNEHALTEN – Ich unterbreche meine Tätigkeit, lasse alles liegen und stehen, halte inne und richte meine ganze Aufmerksamkeit darauf, ruhig zu werden. Ich schließe meine Augen und achte auf mein Atmen. Ich richte mein Bewusstsein ganz auf das Geschenk des Atems.
SCHAUEN – Ich schaue auf das, was mein Leben mir in diesem Moment bietet. Ich nehme die Einladung an, mich dankbar zu fühlen für das, was ich in meinem Leben bisher erlebt habe. Ich lasse diese Erinnerungen und Gefühle in mir wach werden. Nach einiger Zeit habe ich den Wunsch, einige Begebenheiten als Erinnerung zu notieren.
HANDELN – Es gibt Situationen, in denen ich für etwas dankbar sein könnte oder sollte, es aber nicht bin. Warum? Vieles in meinem Leben ist mir so zur Selbstverständlichkeit geworden, dass ich gar nicht auf die Idee komme, mich zu bedanken. Ich erinnere mich an drei Situationen, in denen ich Hilfe erhalten habe, jemand mir etwas Gutes getan hat oder Ähnliches, und schreibe je eine als Stichwort oder Satz auf ein Blatt Papier und lege die drei Blätter vor mich hin. Ich beginne mit der ersten Situation. Ich versuche mich an sie zu erinnern, sehe das Handeln des anderen Menschen nicht als selbstverständlich an, sondern ich stelle mir vor, dass das, was er tut, ein besonderes Geschenk für mich ist. Dann schreibe ich: *„Ich bin dankbar für das Geschenk, weil …"* Dann nehme ich dieses „Geschenk", spreche es mir laut zu und achte auf meine Gefühle. Zum Abschluss denke ich an einen Menschen, dem ich für etwas Gewöhnliches danken möchte. So mache ich es auch mit den anderen notierten Sätzen und frage mich dann: Was bedeutet es mir, dankbar zu sein? Wo will ich mich darum bemühen?

(B) Heute bin ich dankbar für ...

Es war einmal eine alte Frau, die glücklich und zufrieden lebte. Viele Menschen beneideten sie, weil sie eine echte Lebenskünstlerin war. Die alte Frau verließ niemals ihr Haus, ohne eine Handvoll getrocknete weiße Bohnen mitzunehmen. Sie tat dies nicht etwa, um die Bohnen zu kauen, nein, sie steckte sie einfach in die rechte Tasche ihrer Jacke. Jedes Mal, wenn sie tagsüber etwas Schönes erlebte z. B. den Sonnenaufgang, das Lachen eines Kindes, ein kurzes Gespräch, ein gutes Mahl, einen schattigen Platz in der Mittagshitze ... freute sie sich darüber und ließ eine Bohne von der rechten Tasche in die linke gleiten. War das Erlebnis besonders schön und gar überraschend, wechselten zwei oder drei Bohnen die Seite. Abends saß die alte Frau zu Hause und zählte die Bohnen aus der Tasche. Sie zelebrierte diese Erinnerung und führte sich so dankbar vor Augen, wie viel Schönes ihr an diesem Tag widerfahren war. Auch an einem Abend, an dem sie bloß eine Bohne zählen konnte, war der vergangene Tag dennoch ein gelungener Tag. Es hatte sich gelohnt zu leben.

Quelle unbekannt

➢ Wofür bin ich heute sehr dankbar?
➢ Wie habe ich meine Dankbarkeit anderen Menschen gezeigt?

(C) Die Dankbarkeit des Pilgerns

Kann man Dankbarkeit lernen? Dagmar Höner nennt als ihren 110. Grund für das Pilgern die Dankbarkeit als Lebenshaltung. Gerade beim Pilgern falle es uns leicht, sie zu leben, denn:

Beim Pilgern muss man Dankbarkeit nicht bewusst einüben; sie scheint sich wie von selbst einzustellen. Allein die Beschränkung auf wenige Habseligkeiten und das einfache Pilgerleben führen dazu, dass man dankbar ist für das, was man hat und erlebt. Man freut sich, wenn man eine saubere Hose anziehen kann, und darüber, dass die Wanderschuhe nicht drücken. Man empfindet es als Geschenk, wenn man frisches Wasser am Brunnen zapfen kann oder wenn urplötzlich eine Bank am Weg auftaucht, wenn man müde ist und gern rasten möchte. Man genießt die einfache Mahlzeit in der Bar und erlebt es als Wohltat, wenn man nach zig gelaufenen Kilometern eine Pause machen, den Rucksack absetzen, und die Beine ausstrecken kann.

Dagmar Höner, 111 Gründe, Pilgern zu gehen

- ➢ Lebe ich diese „Dankbarkeit der vielen kleinen Dinge“ auch im Alltag? Auf welche achte ich noch zu wenig?
- ➢ Ich nehme mir Zeit und frage mich: Wofür bin ich heute dankbar?

Dankbarkeit ist – das wissen wir aus Erfahrung und das zeigen auch neuere psychologische Studien – ein mächtiges Gefühl, das nicht nur menschliches Wohlbefinden stärkt, sondern auch unser soziales Verhalten.

Abendimpuls – Den Tag gut beenden

Mein Tag geht zu Ende. Ich bin bei mir angekommen. Ich nehme mir Zeit, dankbar auf meinen Tag zurückzublicken.

Ich halte inne
am Ende dieses Tages
und achte auf mein
Ein- und Ausatmen
damit ich in Stille
das Mühsame und Beglückende
des Tages anschauen kann.

Während mein Atem
kommt und geht
erinnert er mich
an den Lebensatem Gottes

„Gott atmet in allem, was lebt"
in allem, was mir heute begegnet ist.

Ich danke heute
für mein aufmerksames Atmen
für meine ersten Schritte in den Tag
für alles, was ich heute erlebt habe
für meine gelungene Arbeit
für die Schönheiten in der Natur
für die Menschen, die mir begegnet sind
für alles, auf das ich verzichtet habe
für Gottes Segen
seinen Schutz
seine Begleitung.

Peter Müller

Textnachweise

Für einige Texte konnten wir keine Quellen bzw. Rechtsinhaber ausfindig machen. Für Hinweise sind Autor und Verlag dankbar.

Madeleine Delbrêl, Gott einen Ort sichern. Texte – Gedichte –Gebete. Ausgewählt, übersetzt und eingeleitet von Annette Schleinzer (Topos Taschenbücher, Band 1122) © Matthias Grünewald Verlag. Verlagsgruppe Patmos in der Schwabenverlag AG, Ostfildern, 5. aktualisierte Auflage 2018

Anselm Grün, Vertrauen: Spüre deine Lebenskraft, Verlag Herder GmbH 2010

Anselm Grün, Vertrauen schenken, Vertrauen stärken: Was unserem Leben Halt und Richtung gibt, Verlag Herder GmbH 2019

Dagmar Höner, 111 Gründe, Pilgern zu gehen. Eine Liebeserklärung, Berlin 2019, Seite 77f.

Dagmar Höner, 111 Gründe, Pilgern zu gehen. Eine Liebeserklärung, Berlin 2019, Seite 264

Hape Kerkeling, Ich bin dann mal weg. Meine Reise auf dem Jakobusweg, Piper Verlag/Malik Verlag, München 19. Auflage 2006, S.21

Lorenz Marti, Wie schnürt ein Mystiker seinen Schuh? Freiburg 2004, Seite 66; etwas bearbeitet von Peter Müller
Neuste Ausgabe: Verlag Herder 2018

Klemens Nodewald, Wenn die Freude Weitsprung übt. Texte und Gebete für Seele und Geist © Echter Verlag Würzburg 2005

Nossrat Peseschkian, drs. in: Goldene Regeln der Lebenskunst, Verlag Herder GmbH, Freiburg 2012, Seite 31

Chiparopai, amerikanische Ureinwohnerin aus dem Stamm der Yuma
aus: Käthe Recheis, Weißt du, dass die Bäume reden? Verlag Herder, Freiburg 25. Auflage 1998

Stefanie Schönborn-Aich, Auf den Spuren der Pilger. Mein Weg nach Santiago. Herder Spektrum, Freiburg 2006, Seite 17

Robin Sharma, Der 5 Uhr Club. Gestalte deinen Morgen und in deinem Leben wird alles möglich, O.W. Barth Verlag, München 2019 (OT English)

David Steindl-Rast, Dankbar leben, Vier-Türme-Verlag Münsterschwarzach 2018, Seite 19f

Pierre Stutz, Gelassenheit, www. pierrestutz.ch

Bernhard von Clairvaux, Gotteserfahrung und Wege in die Welt, hrsg. von Bernhardin Schellenburger, Walter Verlag, Olten 1982

Paul Weismantel, In der Stille der Nacht. Gedanken und Gebete zu Advent und Weihnachten, Donauwörth, Verlag Ludwig Auer, 1991

Uwe Wolff, Die Weisheit der Muschel, Matthias Grünewald Verlag, Ostfildern 2011, Seite 33

Weiterführende Literatur

Renate Florl, 101 Dinge die man über den Jakobsweg wissen muss, München 2019

David Fontana, Das Leben atmen, Stuttgart 2004

Nancy Loise Frey, Santiago unterwegs und danach, Volkach / Main 2002
(Übersetzung aus dem Englischen: Hermann J. Brenning)

Anselm Grün, Staunen. Die Wunder im Alltag, Freiburg 2018
ders. Wage den Anfang, Münsterschwarzach 2013
ders. Vom Glück der kleinen Dinge, Münsterschwarzach 2018, 2. Auflage

Oliver Gußmann, Michael Kaminsky, Thomas Roßmerkel (Hrsg) Wege zum Wachsen eröffnen. Die Vielfalt des Pilgerns in der Evangelisch-Lutherischen Kirche in Bayern, Nürnberg 2020

Claudio Hofmann, Achtsamkeit. Anleitung für ein sinnvolles Leben, Stuttgart 2002

Jon Kabat-Zinn, Im Alltag Ruhe finden. Freiburg 1998, 2. Auflage

Christian Kurrat, Renaissance des Pilgertums. Zur biographischen Bedeutung des Pilgerns auf dem Jakobsweg, Münster 2015

Peter Müller, Meine Sehnsucht bekommt Füße, München 2009
ders. Komm, wir pilgern, Dein Jakobus. Ostfildern 2014
ders. Die Seele geht am liebsten zu Fuß. Ostfildern 2016

Alexander John Shaia, Rückkehr vom Jakobsweg. Aus dem Englischen von Patrick Maiwald 2019,
Quadratos, LLC Santa Fe, New Mexico, USA

Robin Sharma, Der 5 Uhr Club. Gestalte deinen Morgen und in deinem Leben wird alles möglich.
München 2019

Michael Tischinger, Selbstliebe. Wege der inneren Heilung, Freiburg 2020

Jörg Zink, Ruf der Freiheit. Entwurf einer zukunftsfähigen christlichen Ethik, Güterslohe 2007
ders. Gottesgedanken. Vom inneren Weg des Christen. Güterslohe 2012

Über den Autor

Peter Müller ist Theologe, Pädagoge und Autor zahlreicher Veröffentlichungen. Er begleitet Gruppen auf Kultur- und Wanderreisen und Pilgerwanderungen in Spanien und Süddeutschland. Außerdem gibt er Kurse für Pilgerbegleiter und hält Vorträge und Seminare zum Pilgern, Fasten und zu Lebensfragen. Bis zu seiner Pensionierung leitete er das Katholische Bildungswerk in Rottweil.